FAILLIET OP KREDIET

PIETER LAKEMAN
PAULINE VAN DE VEN

FAILLIET
OP
KREDIET

DE ROL VAN DE BANKEN
IN NEDERLAND

DE HAAN

CIP-GEGEVENS KONINKLIJKE BIBLIOTHEEK, DEN HAAG

Lakeman, Pieter

Failliet op krediet : de rol van de banken in Nederland / Pieter
Lakeman, Pauline van de Ven. - Weesp : De Haan
Met reg.
ISBN 90-228-4569-9
SISO 345.4 UDC 336.71(492) UGI 540
Trefw.: bankwezen ; Nederland.

ISBN 90 228 4569 9
© 1985 De Haan, Weesp

Omslagontwerp: Kothuis Art-team
Gezet bij Euroset b.v., Amsterdam
Gedrukt bij Haasbeek, Alphen a.d. Rijn
Gebonden bij Van Wijk, Utrecht

Verspreiding voor België: Standaarduitgeverij, Antwerpen

Inhoud

Inleiding

Alles went, ook faillissementen. In 1978 haalden faillissementen met tweehonderd ontslagen nog de voorpagina's van landelijke kranten. Binnen twee jaar verhuisden ze naar pagina's achterin en al gauw werd op economische redacties de afspraak gemaakt: onder de tweehonderd kan de prullemand in.

Het aantal faillissementen was tussen 1980 en 1984 beangstigend groot. De werkloosheid steeg tot een niveau dat ruim boven dat van de ons omringende landen lag. Er was een periode waarin vrijwel iedere Nederlander in loondienst zich moet hebben afgevraagd hoe lang hij zijn baan nog zou houden.

Het griezelige was dat niemand precies scheen te weten waar het allemaal aan lag. Of liever: tal van hooggeplaatsten leken zeker te zijn van de oorzaken van de economische narigheid, maar wie al die gezaghebbende uitspraken en opvattingen naast elkaar legde, moest wel tot de conclusie komen dat het stukjes van een groot aantal verschillende legpuzzels waren. Niets paste, niets klopte.

Men kon de meest opzienbarende tegenstrijdigheden horen. De ene econoom wist zeker dat de oorzaak van alle ellende het grote financieringstekort was. De overheid zou zoveel geld nodig hebben dat zij de rente opdreef. Dat had bedrijven aan de rand van de afgrond gebracht.

Nee, wisten hun tegenstrevers met even grote zekerheid te zeggen, het zijn juist de straffe overheidsbezuinigingen – om het financieringstekort omlaag te krijgen – die de problemen veroorzaken. Dat geeft extra werkloosheid, het kost geld aan uitkeringen en dat jaagt de premies voor bedrijven zo hoog op dat ze eraan ten gronde gaan.

Onzin, beweerden weer anderen. Het zijn de hoge loonkosten. Die verarmen de bedrijven, waardoor ze niet meer mee kunnen komen in de concurrentieslag met het buitenland.

Het zijn de belastingen, orakelde het uit een andere hoek. Die zijn in Nederland véél te hoog. Bedrijven bezwijken eronder.

Er is werk genoeg, meende weer een ander. Maar de Nederlander is te slecht opgeleid en te weinig mobiel. Daardoor komt het nieuwe élan niet uit de verf. Nederland mist de boot van technologische vernieuwing. Daar komt het door.

Andere economen vonden 'duale economieën' uit of hielden het erop dat de arbeidsmarkt werd overspoeld door vrouwen, of dat Nederland last had van een geboortegolf van twintig jaar geleden. Te veel Nederlanders, te weinig banen.

Tijdens deze herendiscussies en saaie opiniepraat over de beste aanpak – de gulden omhoog of omlaag? de lonen omhoog of omlaag? het financieringstekort omhoog of omlaag? – bleven bedrijven gewoon failliet gaan. De gemiddelde werknemer werd er moedeloos van. Van staatswege werden commissies in het leven geroepen die hem zijn depressiviteit en het 'doemdenken' (een uitvinding uit die dagen) moesten afleren. Er kwamen commissies ter bevordering van Industrieel Elan, een Industriële Aanjager, een Maatschappij voor Industriële Projecten. De overheid steunde en susidieerde jonge ondernemingen, winnende ondernemingen, verliezende ondernemingen, knelpunt-ondernemingen en innoverende ondernemingen. Zij steunde álle ondernemingen. Het industriebeleid resulteerde in een verrukkelijke grabbelton voor ondernemend Nederland. En zie, in 1983 begon het aantal faillissementen een heel klein beetje terug te lopen.

Maar weten we nu waar het aan gelegen heeft?

Wij zijn tot de conclusie gekomen dat de faillissementsgolf van 1980-1984 weinig of niets te maken heeft gehad met zware lasten, hoge lonen, groot financieringstekort, lage arbeidsmobiliteit of politieke kleur van het zittende kabinet, maar des te meer met overspannen kredietverlening door de gezamenlijke banken. We zoeken de oorzaak eerder bij de betekenis die failliet gaan in de klassieke oudheid had: de Romeinen noemden failliet gaan 'fallere', oplichten, en de failliete persoon zelf 'decoctor', verkwister.

We hopen dat dit boek tot nader onderzoek leidt in de door ons ingeslagen richting – en dat er alvast genoeg in staat om een herhaling van de periode 1980-1984 te voorkomen.

Zonder hulp van anderen had dit boek niet tot stand kunnen komen. In het bijzonder willen we J.A. In den Bosch, D. Koper en W.S. Swaager van de afdeling faillissementsstatistieken van het Centraal Bureau voor de Statistiek danken voor hun onontbeerlijke medewerking, voor de gesprekken die zij met ons hebben willen voeren en voor de hartelijke hulp die zij ons gegeven hebben.

Daarnaast willen we ook dr. ir. Paul M.B. Vitányi en drs. Rianne van de Ven bedanken voor hun veelzijdige hulp bij de totstandkoming van het manuscript.

Amsterdam, 12 januari – 7 november 1985
Pieter Lakeman
Pauline van de Ven

1 De faillissementsketen gestart

Wanneer men de economieën van de zes grootste Europese handelslanden, Nederland, België, West-Duitsland, Engeland, Frankrijk en Italië, met elkaar vergelijkt, valt op dat niet alleen de bij bedrijfsfaillissementen achtergelaten onbetaald gebleven schuld, maar ook de werkloosheid in de periode 1980-1984 in Nederland tot veel grotere hoogte is gestegen dan in de andere landen. Wanneer men de wijzen van opereren van het bankwezen met elkaar vergelijkt, dan ziet men dat er ook op dat gebied grote verschillen tussen deze landen zijn. Eveneens valt op dat er grote verschillen zijn tussen Nederland en de overige Europese landen met betrekking tot het faillissementsrecht. De samenhang van deze verschijnselen is tot nu toe nimmer bestudeerd, laat staan verklaard.

Wanneer de werkloosheid en de toestand van de Nederlandse economie door gezaghebbende lieden worden besproken of beschreven, gebeurt dat meestal in termen van 'te groot overheidstekort', 'te hoge lonen' (de bekende loonquote), 'te lage investeringen' en tot voor kort ook 'te hoge inflatie', om over ergere borrelpraat nog maar te zwijgen.

Vaak wordt schoolse kennis die in de jeugd is opgedaan tot aan de pensioengerechtigde leeftijd gekoesterd. Speciaal bij economen lijkt dit vaak voor te komen. Wanneer reeds lang geleden afgeleerde lieden verantwoordelijke functies bekleden, kan dit desastreuze gevolgen hebben. Min of meer nieuwe ontwikkelingen die het economisch leven in belangrijke mate beïnvloeden, worden dan niet als zodanig herkend omdat ze tijdens de studie niet met de paplepel zijn ingegoten. Dit verschijnsel doet zich ook voor bij de top van De Nederlandsche Bank.

De verslagen van De Nederlandsche Bank (die niet alleen zichzelf maar ook haar lidwoord met een hoofdletter laat beginnen) lopen vele tientallen pagina's lang over van internationale en binnenlandse politieke ontwikkelingen die naar de mening van de bank de ellende in Nederland veroorzaken.

Het feit dat op een totaal van 800 000 werklozen per eind 1984 meer dan 150 000 mensen door het faillissement van hun werkgever werkloos zijn geworden, schijnt tot op heden aan de aandacht van De Nederlandsche Bank te zijn ontsnapt. In het eerste jaarverslag van de huidige president, Willem Duisenberg, dat van 1981, kwam het woord faillissement nauwelijks voor.

De meeste Nederlanders menen dat wanneer een bedrijf failliet gaat, op zijn hoogst de koppelbaas, de bank of de fiscus en bedrijfsvereniging iets krijgen (of reeds genomen hebben) en dat andere schuldeisers naar hun geld kunnen fluiten. Deze mening is zo algemeen dat zelfs een objectief registrerend instituut als het Centraal Bureau voor de Statistiek (CBS) in haar faillissementsstatistiek over 1982 vermeldt: 'Vele "gewone" crediteuren nemen bij gebrek aan enig uitzicht op betaling dikwijls niet meer de moeite een vordering bij de curator in te dienen.'

In Nederland is het inderdaad uitzonderlijk wanneer gewone schuldeisers (ook wel concurrente schuldeisers of concurrente crediteuren genoemd) iets van hun geld terugzien. Deze gewone schuldeisers, voornamelijk leveranciers, hebben geen voorrang bij het uitdelen van de opbrengsten van de failliete boedel.

Zij krijgen in minder dan 6% van de gevallen iets van hun vorderingen betaald en gemiddeld niet meer dan 2%. Daarom denkt men in Nederland ook dat het normaal is dat schuldeisers hun vorderingen niet kunnen incasseren. In de belangrijkste Europese handelslanden is de gang van zaken bij faillissementen echter heel anders dan in Nederland. In Italië bleef in 7% van de faillissementen zelfs geld

10

over nadat alle schuldeisers betaald waren!

Dat komt mede doordat de wetgeving in Nederland verschilt van die in de andere Europese handelslanden (zie hoofdstuk 16).

Men kan zich voorstellen wat een demotiverende werking er voor het midden- en kleinbedrijf van uitgaat wanneer voortdurend maar weer, bij elk faillissement opnieuw, praktisch zonder uitzondering, blijkt dat de geleverde goederen en diensten waarvoor men hard heeft gewerkt, nooit betaald zullen worden, omdat de heren bankiers er met de buit vandoor zijn gegaan. Men vindt dit, en terecht lijkt ons, uiterst onrechtvaardig.

In Nederland vond wellicht een aantal extra faillissementen plaats doordat ongeorganiseerde misdadigers, onder wie de bekende koppelbazen, zogenaamde plof-BV'tjes gebruikten voor activiteiten waar de BV in feite voor geschapen lijkt te zijn: oplichting en flessentrekkerij en het daarbij zelf buiten schot blijven (voor juristen: beperken van de persoonlijke aansprakelijkheid). Plof-BV'tjes worden opgericht met het vooropgezette doel ze als schuldenberg aan de crediteuren na te laten nadat ze door de eigenaar zijn leeggehaald. Deze BV's zijn dus speciaal voor het faillissement opgericht, vandaar de naam plof-BV. De mogelijkheid om dit soort BV's op te richten bestaat al sinds 1971. Het Nederlandse ministerie van justitie is pas laat, in 1980, serieus met de bestrijding van de plof-BV's begonnen, terwijl het aantal faillissementen van dit soort toen al aan het teruglopen was. U kunt er meer over lezen in hoofdstuk 3.

De belangrijkste oorzaak van de grote schade door bedrijfsfaillissementen in Nederland ligt echter ergens anders. Die moet men zoeken in het bancaire milieu. Sinds onheuglijke tijden kunnen banken in Nederland bij de kredietverschaffing aan bedrijven veel verder gaande voorrechten afdwingen dan in de meeste grote Europese handelslanden. Deze bestaan uit het nemen van zogenaamde zekerheden van hun klanten. In Nederland is de bekendste vorm van zekerheid de hypotheek op onroerend goed, dat wil zeggen dat de zekerheidsnemer (in feite meestal de bank) alle eventuele verkoopopbrengsten van dat onroerend goed ontvangt. Een andere vorm van zekerheid is de zogenaamde eigendomsoverdracht tot zekerheid van goederen.

Deze houdt eveneens in dat alle eventuele verkoopopbrengsten van machines, inventaris, maar ook van voorraden halffabrikaat en gereed produkt in de eerste plaats naar de zekerheidsnemer (de bank) gaan. Een andere veelgebruikte zekerheid is de cessie van debiteuren. Deze houdt in dat alle vorderingen die het bedrijf op anderen heeft, direct naar de zekerheidsnemer gaan.

De laatste tijd is ook de verpanding van aandelen in zwang geraakt. Dat houdt in dat de bank de aandelen van dochtermaatschappijen onder zich houdt en dat eventuele verkoopopbrengsten van deze dochtermaatschappijen aan de bank toekomen. Soms worden er nog grapjes uitgehaald bij deze verpanding. Dan wordt het stemrecht mee verpand. Wanneer de directie van de dochtermaatschappij dan een aandeelhoudersvergadering bijeen heeft geroepen, komt de bank als aandeelhouder opdagen. De bank kan dan uiteraard ook de directieleden ontslaan of, wat efficiënter is, daarmee dreigen wanneer de directie van de dochtermaatschappij niet voldoende naar het pijpen van de bank danst.

Dit zijn de meer klassieke vormen van zekerheid. Er bestaan echter nog andere vormen. In de eerste plaats de zogenaamde compte-joint-overeenkomst. Hierbij komen enkele vennootschappen (bij voorbeeld een moedermaatschappij en haar dochtermaatschappijen) met een bank overeen dat ze elkaars schulden nu, en in de toekomst, aan de bank garanderen. De achtergrond kan frauduleus genoemd worden, doordat ook hier de bedoeling is de gewone schuldeisers buiten spel te zetten wanneer het er om mocht gaan spannen. Essentieel is namelijk dat een of meer van de vennootschappen zich verbindt tot het eventueel betalen van schulden waar zij part noch deel aan heeft, zodat voor leveranciers van die vennootschappen de kans op betaling kleiner is geworden dan zonder comptejoint-overeenkomst. Voor de verdediging van deze naar fraude riekende constructie is uiteraard ook een pagina uit het groot-smoezenboek ingeruimd. De meetekenende vennootschap zou dan zogenaamd het concernbelang dienen en daardoor indirect zelf ook weer goed af zijn. Doordat het met de meetekenende vennootschap dus eigenlijk beter gaat, zou deze gang van zaken zelfs in het voordeel van diens leveranciers werken. Je moet er maar op komen, op zo'n redenering (die bij topadvocaten in het vennootschapsrecht het neusje van de zalm uitmaakt).

Dat de regeling gunstig is voor de banken is echter wel duidelijk. Bij de parlementaire enquête naar de gang van zaken bij RSV duidde men de compte-joint-overeenkomsten eufemistisch aan als kruisverbanden. In concerns van enige omvang is deze vorm van zekerheid vrijwel standaard. Ook OGEM had ze.

De nieuwste vorm van zekerheidsverschaffing is de sterfhuisconstructie. Eigenlijk is het een techniek om eerder verworven klassieke zekerheden te verzilveren. Bij het opzetten van een sterfhuisconstructie wordt het concern intern in twee delen gesplitst: de goedlopende activiteiten worden in één BV ondergebracht. Enige tijd later wordt deze gezonde BV voor een schappelijk prijsje verkocht aan een door de directie uitgezochte partij, soms een bankvriendelijke stichting. Het sterfhuis is nu compleet en bestaat uit de oorspronkelijke moedermaatschappij inclusief slechtlopende activiteiten. Het bankkrediet van dit sterfhuis wordt vervolgens opgezegd, de daarin uitgeoefende activiteiten sterven af, de klassieke zekerheden worden te gelde gemaakt en de leveranciers van het sterfhuis zijn hun geld kwijt. Dat was uiteindelijk het doel van de sterfhuisconstructie. Toegegeven moet echter worden dat bij een sterfhuisconstructie in het algemeen minder kapitaalvernietiging of verlies van arbeidsplaatsen optreedt dan bij een primitievere vorm van zekerheden uitwinning.

Schuldeisers zullen hier nauwelijks mee getroost zijn, vermoeden wij.

De sterfhuisarchitect moet bij het ontwerp op enkele punten letten. Zoals in een echt sterfhuis onontkoombaar een lijkenlucht hangt, zo hangt in een vennootschapsrechtelijk sterfhuis onontkoombaar een fraudelucht. De kunst van een goede architect is deze lucht zou krachtig mogelijk weg te blazen. Daarvoor is het nuttig tijdig met de voorbereidingen te beginnen om zo veel mogelijk tijd te laten verlopen tussen het afdwingen van de klassieke zekerheden, de interne splitsing en de verkoop van het gezonde deel. Ook moet de verkoopprijs van het gezonde deel voor de niet-deskundige buitenstaander niet te laag lijken. Een aanvullende prijsregeling wil het nog weleens leuk doen. Dat is een bepaling waarbij wordt vastgelegd dat het sterfhuis na een aantal jaren nog wat nabetaald kan krijgen. Kortom, een solide sterfhuis is niet in één dag gebouwd. Het voordeel van een sterfhuis voor de bank is echter wel dat er erg veel advocaten en notarissen mee bezig zijn. Deze lieden zullen later tegen de rechter kunnen zeggen dat het niet de bedoeling was andere schuldeisers te benadelen.

Om onnaspeurbare redenen worden zij vaak eerder geloofd dan koppelbazen.

Terug naar de 'klassieke' zekerheden. In Nederland krijgt de bank vaak niet alleen de goederen van de cliënt in zekerheid maar eigent ze zich bovendien vaak zaken toe die eigendom zijn van leveranciers. Veel bedrijven worden,

14

voordat zij failliet gaan, door de banken krachtig uitgenodigd niet alleen hun eigen zaken in zekerheid aan de banken over te dragen maar ook andermans eigendom. Zo niet, dan worden de ondernemingen geliquideerd door kredietopzegging à la minute. Een ogenblikkelijke kredietopzegging wordt zelden overleefd.

De uitnodiging gaat als volgt. Bedrijven leveren vaak aan elkaar onder eigendomsvoorbehoud. Dat wil zeggen, de afnemer erkent dat het produkt eigendom blijft van de leverancier totdat hij betaald heeft. Terwijl het bedrijf nog niet betaald heeft, wordt wel vast het geleverde artikel in een half- of eindprodukt verwerkt. In een eerder stadium had de bank echter reeds bedongen dat alle (ook toekomstige) voorraden van het bedrijf, half- en eindprodukt, eigendom van de bank zijn. De banken weten drommels goed dat zij onbetaalde eigendommen krijgen die contractueel aan anderen toebehoren, maar het komt ze op deze manier gewoon beter uit. Het zogenaamde eigendomsvoorbehoud dat de onderneming heeft erkend, wordt, zonder dat de leverancier betaald is, uitgehold door het op te laten gaan in bankeigendommen. In Duitsland kan dat bij voorbeeld niet. Daar geldt niet het korte maar het lange eigendomsvoorbehoud. Bij het lange eigendomsvoorbehoud blijft de leverancier mede-eigenaar van het totaalprodukt waarin zijn bijdrage is verwerkt. Daar is het dus onmogelijk dat de bank zich onbetaalde eigendommen van leveranciers toeëigent.

De banken in Nederland pakken op deze wijze voor miljarden guldens per jaar andermans onbetaalde spullen af. Men zou zich kunnen afvragen of het opnemen van onbetaalde leveranties in bankeigendommen verduistering is en in hoeverre het bevorderen hiervan door de banken uitlokking van verduistering kan worden genoemd.

Hoe anders is dit met overgedragen autoradio's. Handelaren die deze van heroïnegebruikers kopen, worden schuldig bevonden aan het misdrijf heling en achter de tralies gezet omdat zij horen te weten dat de autoradio's die de heroïnegebruikers aan hen in eigendom wensen over te dragen in feite onbetaalde eigendommen van anderen zijn. Men moet een jurist zijn om het opkopen van goederen van heroïnegebruikers te kunnen onderscheiden van kredietverlening onder voorwaarde dat onbetaalde goederen van leveranciers in eigendom worden overgedragen. Dank zij het subtiele onderscheid tussen kleinschalige helerspraktijken en grootschalige overdracht van miljardenzaken door niet-eigenaren aan banken zitten de meeste bankiers nog steeds niet achter de tralies.

Wanneer de bank alle eigendommen van een bedrijf (onroerend goed, vorderingen, voorraden, machines) in zekerheid heeft, loopt de bank minder risico dan wanneer ze die zekerheden niet heeft. Een logisch gevolg van een rechtsstelsel waarin banken in de praktijk bijna onbeperkt zekerheden kunnen afdwingen is dat zij, wanneer zij deze zekerheden eenmaal hebben, zich zo veilig voelen dat zij al gauw meer krediet aan hun klanten geven dan op zakelijke gronden verantwoord is.

Een ander gevolg van het buitensporig werken met zekerheden is dat het vermogen van bankiers een kredietaanvraag te beoordelen in de loop der jaren is afgestompt. De banken hebben de gewoonte ontwikkeld af te gaan op andere zaken dan de financiële gezondheid van de debiteur. Namelijk op de kans dat zij in een later stadium door totale liquidatie van hun cliënt hun vorderingen nog terug kunnen krijgen.

Wanneer de vorderingen van de bank op de cliënt zo hoog zijn opgelopen dat ze hoger dreigen te worden dan de geschatte opbrengst van de zekerheden, dan wordt de kredietkraan dichtgedraaid en gaan de banken hun voorrechten uitoefenen. Hun zekerheden te gelde maken heet dat. Indien de banken dit zonder omweg zouden doen zouden zij hun cliënt duidelijk en voor iedereen zichtbaar over de kling jagen. Het blijkt steeds weer dat zij deze rol weliswaar met verve wensen te spelen maar wel gaarne achter de coulissen. Het rechtstreeks liquideren van het eigen cliëntenbestand is niet meer geheel *en vogue*. Om reputatietechnische redenen worden enkele omtrekkende bewegingen gemaakt die erop neerkomen dat of het bedrijf 'zelf' surséance aanvraagt (in Nederland volgt faillissement even vaak op surséance als eb op vloed) of dat de Nederlandsche Credietverzekerings Maatschappij (NCM) het faillissement bewerkstelligt door ervoor te zorgen dat andere bedrijven niet meer leveren aan de ter dood veroordeelde onderneming. Dat doet de NCM door op te houden leveranties aan de door de bank besmet verklaarde onderneming te verzekeren en dat besluit bekend te maken. Andere bedrijven leveren dan alleen nog maar tegen contante betaling. Deze contante betaling is echter juist onmogelijk gemaakt door de bank zodat het bedrijf helemaal geen goederen meer geleverd krijgt. Op deze wijze heeft de NCM reeds in duizenden gevallen haar aandeelhouders, de Amro, ABN, NMB, NCB, enzovoort geholpen bij het geruisloos doen failleren van hun uitgeperste cliënten.

Wanneer het bedrijf eenmaal failliet of surséant is, lijkt het heel normaal dat de bank, die reeds zo lang op haar geld heeft moeten wachten, van haar eerder verworven voorrechten gebruik maakt. Bij deze gang van zaken lijkt het of het verkopen van de zekerheden het logische gevolg is van het faillissement, terwijl het juist vaak de oorzaak is, zoals duidelijk zal zijn.

De faillissementswet in Nederland kent, net als in de andere grote Europese handelslanden, een stadium waarin het failliete bedrijf geheel of in moten verkocht wordt en de opbrengst verdeeld wordt onder de schuldeisers. De Nederlandse wet gaat ervan uit dat alle schuldeisers dezelfde rechten hebben en dat niet de ene schuldeiser meer recht op de liquidatieopbrengst heeft dan de ander.

17

De zekerheidsverschaffing aan banken heeft dit wettelijk beginsel geheel uitgehold. Iemand die de afwikkeling van faillissementen in de praktijk beziet, zou niet gauw op de gedachte komen dat de Nederlandse wet regels kent die een gelijke behandeling van schuldeisers voorschrijven.

Doordat bij een faillissement alle zaken die op het eerste gezicht eigendom van de BV, of van haar leveranciers waren, door het systeem van zekerheidsverschaffing juridisch eigendom van de banken zijn geworden, worden deze zaken, buiten de boedel om, door de banken verkocht. Verkoop wordt zelfs lang niet altijd aan de curator gemeld. Belangrijker is echter dat in Nederland een faillerende BV vaak een uitgeholde of zelfs lege BV blijkt te zijn. Er is dan letterlijk niets meer over voor de leveranciers, terwijl de banken er vaak nog met hun spullen vandoor gaan wegens het 'korte eigendomsvoorbehoud' en de 'overdracht in zekerheid' van alle, ook toekomstige, voorraden. Het systeem van bancaire zekerheidsverschaffing leidt er dus toe dat leveranciers met de stroppen blijven zitten, miljardenstroppen zelfs. Wanneer zo'n leverancier maar weinig klanten heeft en een van zijn grotere gaat failliet, dan kan hij zelf ook omvallen. Volg-faillissementen noemen wij dat. Dit zijn faillissementen van op zichzelf financieel gezonde bedrijven die in het faillissement meegesleurd worden doordat hun klant failliet gaat en daardoor zijn schuld niet meer betaalt. Deze ontstaan dus doordat de banken zich bewust zodanig bevoorrecht hebben en normale schuldeisers even bewust zodanig benadeeld hebben dat deze laatsten hun vordering geheel kwijt zijn.

Op zichzelf zou het de heren bankiers wel gegund zijn dat zij nog buiten de poort de benen kunnen strekken. Helaas leiden hun praktijken echter tot niet te verwaarlozen schade aan het Nederlandse bedrijfsleven. In de jaren 1980-1984 is 7% daarvan door faillissementen geliquideerd. Dit percentage is veel hoger dan dat in de andere Europese handelslanden. Nogal opvallend wanneer men erbij stilstaat dat de loonkosten in Nederland sinds 1979 in vergelijking met die landen gedaald zijn, dat de energiebalans in Nederland gunstiger is dan in de meeste andere landen, dat de inflatie sinds 1979 in Nederland minder is geweest dan in de meeste andere landen, kortom, dat de bekende borreltafelverklaringen voor een slechte gang van zaken in Nederland niet opgaan. Als je de cijfers moet geloven, zijn die dalende lonen dus heel slecht geweest voor het Nederlandse bedrijfsleven. Van het totale Nederlandse bedrijfsleven is zoals gezegd 7% door faillissementen geliquideerd. Deze vernietiging is geconcentreerd bij niet-exporterende bedrijven. Deze sector wordt namelijk ondermijnd door afboekingen op failliet gegane debiteuren terwijl exporterende bedrijven buitenlandse debiteuren hebben die minder vaak failliet gaan en bovendien bij failissementen minder hoge onbetaalde schulden achterlaten.

Het sneeuwbaleffect van de volg-faillissementen is een in Nederlands bekend verschijnsel. Iedereen kent er wel een paar in zijn omgeving: goedlopende bedrijven met hardwerkende mensen die failliet gingen omdat hun Nederlandse debiteur failliet ging en dús niet meer kon betalen.

Een bijkomend gevolg van de faillissementsregen met grote onbetaalde schulden is dat de banken klanten verliezen. Dat schijnt ze anno 1985 erg te verbazen. Iemand die de zorgen van het Nederlandse bankwezen waarneemt, moet wel denken dat er iets heel merkwaardigs aan de hand is. Het bedrijfsleven leent minder van de banken! Het is nogal wiedes wanneer 7% van je klanten is uitgeroeid en dus geen krediet meer nodig heeft. Je schijnt erg knap te moeten zijn om dat te kunnen bedenken, althans knapper dan de Nederlandse topbankiers.

Door het bestaan van deze praktijken zijn in Nederland naar schatting 150 000 mensen hun baan kwijtgeraakt, zijn bedrijven vele miljarden guldens kwijtgeraakt en zijn de overheidstekorten door de extra uitkeringen met vele

19

miljarden guldens gestegen. De banken in Nederland zijn, op de Rabo-bank na, echter door andere oorzaken aan de rand van een bankroet gekomen (zie hoofdstuk 6).

2 Onbetaald gebleven schulden en andere schade

Een bekend feit is dat zelfs banken er bij een faillissement nog weleens bij inschieten. Meestal echter hebben zij via de afgedwongen zekerheden hun schaapjes wel op het droge. En wanneer zij dan nog wat te kort komen, is dat tekort aanzienlijk kleiner dan dat van de gewone schuldeisers.

Wij wilden graag weten hoeveel de gewone schuldeisers – de leveranciers in feite – er bij faillerende bedrijven bij inschieten. Met andere woorden hoeveel onbetaald gebleven schulden jaarlijks bij bedrijfsfaillissementen op leveranciers, andere bedrijven dus, worden afgewenteld. Dat het bedrijfsleven onnodig wordt beschadigd door het Nederlandse stelsel van de ongebreidelde bancaire zekerheden, die overtuiging hadden we op basis van onze persoonlijke waarnemingen reeds gekregen.

We wilden graag weten hoe ernstig het verschijnsel is.

Sinds 1981 verzamelt het Centraal Bureau voor de Statistiek (CBS) jaarlijks gegevens over eigendommen, betaalde en onbetaalde schulden van in dat jaar beëindigde faillissementen van BV's. Het CBS geeft zelfs een splitsing van de onbetaald gebleven schuld aan de fiscus, aan de bedrijfsverenigingen en aan gewone schuldeisers. Deze informatiebron staat in Nederland echter pas kort ter beschikking. Namelijk sinds december 1983, toen het CBS in een persbericht de eerste financiële cijfers over de in 1981 afgewikkelde faillissementen openbaar maakte. De cijfers over in 1982 en 1983 afgewikkelde faillissementen volgden in 1985.

Deze cijfers kunnen helaas geen compleet beeld geven van de financiële afwikkeling van alle faillissementen die in een bepaald jaar zijn uitgesproken. Doordat de tijd die nodig is voor het afwikkelen van een faillissement varieert van enkele maanden tot vele jaren, is er nog geen enkel jaar waarvan alle daarin uitgesproken faillissementen definitief zijn afgesloten.

Ook hebben de CBS-cijfers over in één jaar afgewikkelde faillissementen betrekking op faillissementen die in verschillende jaren zijn uitgesproken. De cijfers over 1981 hebben bij voorbeeld betrekking op faillissementen die zijn uitgesproken in de jaren 1973 tot en met 1981.

De CBS-cijfers op zichzelf zijn reeds indrukwekkend (zie tabel 1). Over 1981 is een onbetaald gebleven schuld genoteerd van *f* 1084 miljoen waarvan bijna de helft aan gewone schuldeisers. De cijfers over 1982 gaven nog een aanzienlijk groter bedrag aan onbetaald gebleven schulden, namelijk *f* 1718 miljoen, waarvan iets meer dan de helft aan gewone schuldeisers. Volgens de cijfers van 1982 was het bedrijfsleven een groter slachtoffer van de faillissementsregen dan overheid en bedrijfsverenigingen bij elkaar. De CBS-cijfers over in 1983 beëindigde faillissementen waren nog onrustbarender, vooral voor leveranciers. De totale onbetaald gebleven schuld was toen *f* 2157 miljoen, waarvan 60% aan gewone schuldeisers.

Over de drie jaren 1981-1983 was het onbetaald gebleven bedrag dus *f* 5 miljard waarvan ruim de helft aan gewone schuldeisers en bijna de helft aan fiscus en bedrijfsvereniging.

Het ministerie van justitie maakte zich op een gegeven moment zulke zorgen over door koppelbazen weggefraudeerde overheidsgelden dat zij haar afdeling Wetenschappelijk Onderzoek- en Documentatiecentrum (WODC) een onderzoek liet verrichten naar de in 1980 afgewikkelde faillissementsdossiers. De uitkomst was dat bij in 1980 afgesloten faillissementen van BV's *f* 545 miljoen onbetaalde schuld achterbleef. Dit onderzoek was beperkt tot failliete BV's en leidde tot het jaarlijks terugkerende onderzoek door het CBS. Het onderzoek van het ministerie van justitie was dus gericht op de directe, men zou kunnen zeggen eerstelijns-fraude met faillissementen, en niet op de schade voor het bedrijfsleven.

Wanneer je debiteur in 1979 failliet gaat, ben je in dat jaar je geld kwijt en niet pas wanneer jaren later het faillissement juridisch helemaal is afgewikkeld. In het eerstgenoemde jaar ondervind je als bedrijf zelf de last van je faillerende debiteur en kom je eventueel zelf in moeilijkheden. In dat eerste jaar worden de onbetaalde schulden door middel van de volg-faillissementen verder op de rest van het bedrijfsleven afgewenteld. Daar de CBS-gegevens niet gerangschikt zijn naar jaar van uitspraak van het faillissement, zijn ze niet direct geschikt om de in een bepaald jaar op het bedrijfsleven afgewentelde schuld te berekenen. Daarvoor zouden we eigenlijk moeten beschikken over cijfers die wel naar jaar van uitspraak zijn gerangschikt. Gelukkig was het CBS bereid haar computerbestanden voor ons af te draaien met de gewenste ordening naar jaar van uitspraak. Bij de aangename besprekingen die daaraan voorafgingen, bleek overigens dat noch De Nederlandsche Bank, noch enige andere beleidsbepalende of adviserende instelling ooit belangstelling voor deze nieuwe uitsplitsing had getoond. Deze uitsplitsing is echter de enige en onontbeerlijke bron voor bestudering van de gevolgen van faillissementen voor het Nederlandse bedrijfsleven. Het was dus meteen duidelijk dat in Nederland nog niemand serieus in dit probleem geïnteresseerd was geweest.

De door het CBS voor ons geproduceerde cijfers per jaar (zie tabel 2) konden natuurlijk alleen maar de afgehandelde faillissementen omvatten en niet de nog lopende. Voor een berekening van de totale jaarlijks afgewentelde schuld moest de laatste groep echter wel worden meegeteld. De werkelijke onbetaald gebleven schuld van gefailleerde BV's is dus een stuk groter dan uit de CBS-cijfers blijkt.

Tabel 3 bevat de door ons berekende cijfers. In het jaar

1980, het eerste jaar met een duidelijk verhoogd aantal BV-faillissementen, is reeds ƒ 1,9 miljard onbetaalde schuld achtergebleven, waarvan de helft aan gewone schuldeisers. In 1981 in totaal ƒ 2,8 miljard waarvan iets meer dan de helft aan gewone schuldeisers. Dan komt het topjaar 1982 met niet minder dan ƒ 3,2 miljard onbetaald gebleven schuld, waarvan dan bijna 60% aan gewone schuldeisers is achtergelaten.

Vervolgens daalt het bedrag in 1983 een klein beetje maar blijft op het hoge niveau van ƒ 2,7 miljard, waarvan meer dan 60% aan gewone schuldeisers. Hoewel bij het verschijnen van dit boek in november 1985 de CBS-cijfers over 1984 nog niet zijn gepubliceerd, zijn deze op basis van het aantal BV-faillissementen wel reeds te schatten op ƒ 2,2 miljard waarvan 65% aan concurrente schuldeisers. In de vijfjaarsperiode 1980-1984 is dus ƒ 12,9 miljard aan onbetaalde schuld achtergelaten, waarvan meer dan de helft aan leveranciers.

We zijn echter nog nog niet klaar. Tot nu toe hebben we het alleen nog maar over failliete BV's gehad. Maar behalve BV's gaan ook eenmansbedrijven failliet. Ook faillerende eenmansbedrijven laten onbetaalde schulden na. Eenmansbedrijven worden echter nooit opgericht met het vooropgezette doel iemand op te lichten en we mogen daarom verwachten dat ze gemiddeld minder vaak failliet gaan dan BV's. Dat blijkt ook uit de cijfers, want er gaan sinds 1977 ongeveer evenveel eenmansbedrijven als BV's failliet terwijl er twee keer zoveel van bestaan.

Helaas houdt het CBS wegens gebrek aan mankracht geen financiële gegevens bij van gefailleerde eenmanszaken. De onbetaald gebleven schuld van deze groep moet dus geschat worden.

Gelukkig heeft het CBS wel bijgehouden hoeveel werknemers betrokken zijn bij faillissementen van werkgevers, zowel voor eenmansbedrijven als voor BV's. Ook heeft het

24

CBS de financiële afwikkeling van gefailleerde firma's bijgehouden.

Firma's stemmen in zoverre met eenmansbedrijven overeen dat de eigenaren van firma's ook ménsen zijn die net als de eigenaren van eenmansbedrijven na het faillissement aansprakelijk blijven voor de schuldenlast, dit in tegenstelling tot BV's, waarvan de eigenaren de schulden kunnen achterlaten bij de BV.

Met behulp van deze gegevens was te berekenen hoeveel onbetaalde schuld de eenmansbedrijven in de verschillende jaren hebben achtergelaten. Een zo structureel economisch probleem als het afwentelen van miljarden guldens onbetaalde schulden op het bedrijfsleven en de overheid verdient naar onze mening overigens wel de extra inzet van een aantal mensen op de faillissementsafdeling van het CBS.

Voor een compleet beeld moeten de onbetaald gebleven schulden van gefailleerde BV's over de jaren 1980-1984 verhoogd worden met in totaal ƒ 7,5 miljard (zie tabel 4). Daarmee komen de aan het bedrijfsleven en fiscus achtergelaten onbetaalde schulden in de jaren 1980-1984 uit op ƒ 20,3 miljard.

Hiervan is het grootste deel, ƒ 11,7 miljard, bij leveranciers, dus het bedrijfsleven, terechtgekomen. Met andere woorden, het Nederlandse bedrijfsleven heeft in de jaren 1980-1984 bijna twaalf miljard gulden verloren door faillerende debiteuren.

Dit leidde uiteraard tot de befaamde UITHOLLING VAN DE BALANSVERHOUDINGEN van de overlevende bedrijven, waarover zo menig bankier krokodilletranen heeft geplengd en waarover ook de jaarverslagen van De Nederlandsche Bank zulke ongeruste teksten bevatten. Met uitholling van de balansverhoudingen wordt bedoeld het verschijnsel dat bedrijven door het lijden van verliezen of door andere oorzaken een ongunstiger verhouding krijgen tus-

25

sen de financiële reserves en de hoeveelheid vreemd vermogen, dus dat ze eigenlijk te veel moeten lenen.

De onbetaald gebleven schulden in Nederland zijn reusachtig vergeleken met de andere grote Europese handelslanden, vele malen groter in verhouding tot de omvang van de economie, met uitzondering misschien van Frankrijk waar de banken vergelijkbare praktijken kunnen uitoefenen als in Nederland.

Hoewel afwentelen van grote onbetaalde schulden verschillende oorzaken heeft (zie hoofdstuk 16), blijkt verreweg de belangrijkste oorzaak te liggen in het in Nederland en Frankrijk bestaande systeem van het ongebreideld afdwingen van bancaire zekerheden.

Hoewel de cijfers reeds nu onthutsend lijken (f 20,3 miljard schade waarvan f 11,7 miljard aan het bedrijfsleven toegebracht) komt er nog een enorme schadepost. Wat moet namelijk gedacht worden van de werknemers die ontslagen worden bij de faillissementen? In totaal wordt in Nederland sinds 1980 gemiddeld per werkloze f 20 000 per jaar uitbetaald aan ww-, wwv- en rww uitkeringen bij elkaar, zonder dat zijn arbeidskracht wordt gebruikt.

We willen hier even stilstaan bij het aantal mensen wiens werkgever failliet ging. Ook hierbij baseren wij ons op cbs-cijfers (zie tabel 5). In totaal zijn in de vijfjaarsperiode 1980-1984 250 000 mensen betrokken geweest bij een faillerende werkgever. Het totaal aantal mensen dat een baan in het bedrijfsleven had, was in 1980 in Nederland 3 600 000 wat betekent dat van 7% der werknemers de werkgever failliet ging. Uiteraard zijn niet al deze mensen werkloos geworden.

Vooral bij grotere bedrijven wisten groepen werknemers de dans nog wel eens te ontspringen. Uit een aantal faillissementen zijn deelactiviteiten voortgezet met een sterk verminderd aantal mensen. Hierover bestaan geen cijfers. De schatting dat 40% van de 250 000 mensen op deze wijze aan het werk is gebleven lijkt ons optimistisch.

26

Dat betekent dat er zeker 150 000 man op straat zijn komen te staan en dat dezen aan uitkeringen in de jaren 1980-1984 alleen reeds 12 miljard gulden hebben gekost. Dit bedrag is gedeeltelijk ook nog eens op het overlevende bedrijfsleven afgewenteld middels premieverhogingen, en voor een ander deel op de belastingbetaler door afwenteling op de overheid. Men mag hierbij overigens niet uit het oog verliezen dat veel mensen die op deze wijze werkloos worden nimmer meer aan de slag komen zodat de komende vijftien jaar voor resterende uitkeringen aan deze personen nog wel ruim 20 miljard gulden uitgetrokken kan worden.

3 Koppelbazen en bankiers

Zoals reeds in hoofdstuk 1 is gemeld, zou het onjuist zijn om alle faillissementen op rekening van het bankwezen te schuiven. Het is in Nederland algemeen bekend dat ook plof-BV'tjes van de heren koppelbazen faillissementen voor hun rekening hebben genomen, niet de kleinste zelfs. Het aantal is weliswaar niet zo groot, maar de achtergelaten onbetaalde schulden per BV zijn des te groter. Deze plof-BV'tjes moeten wel van de 'gewone' faillissementen onderscheiden worden om de verantwoordelijkheid voor het afschuiven van de miljardenschuld niet op de verkeerde schouders te leggen. Pas wanneer de plof-BV's van de andere faillissementen zijn gescheiden, kunnen de oorzaken van de op leveranciers afgewentelde schade ook cijfermatig bepaald worden.

De vraag is echter hoe de beide soorten faillissementen onderscheiden kunnen worden. Daarvoor moet eerst een aantal kenmerken van de typische plof-BV onder de loep worden genomen. Het doel van de plof-BV is op zodanige wijze aan het bedrijfsleven diensten te verlenen dat eerst de inkomsten binnenkomen en pas daarna de kosten moeten worden betaald. De bekendste vorm is die waarbij een BV mensen in dienst neemt en deze vervolgens uitleent aan andere bedrijven. De inkomsten komen direct binnen en worden voor een deel als 'netto' loon aan de mensen afgedragen. De rest wordt door de koppelbaas uit de BV gehaald. De 'kosten' van het uitlenen, de sociale premies en loonbelasting, hoeven in veel gevallen pas maanden later te worden afgedragen. Als dat moment gekomen is, blijkt de BV geheel leeg te zijn gehaald en laat men de BV ploffen zodat geen ingehouden loonbelasting of sociale premies betaald kunnen worden; vandaar de naam plof-

BV. (In andere landen zoals West-Duitsland kan dat niet omdat de directie dan zelf de schulden moet betalen; zie hoofdstuk 16). Het uitlenen van veel mensen vindt of vond voornamelijk plaats in de bouw, in de havens en in de zware metaalindustrie.

Mensen die deze bemiddeling via BV's uitvoeren, worden koppelbazen genoemd. Zij hebben altijd het vooropgezette doel geen loonbelasting aan de fiscus en geen premies aan de bedrijfsvereniging af te dragen. Omdat er in principe een gapend gat zit tussen de bruto lonen die de koppelbazen van hun opdrachtgevers ontvangen en het door hen uitbetaalde netto loon, valt op deze wijze buitengewoon veel winst te maken wanneer de BV een flink aantal mensen in dienst heeft. Uiteraard is er concurrentie tussen de verschillende koppelbazen, waardoor zij aan andere bedrijven vaak lagere prijzen voor hun mensen moeten vragen. Dat kon makkelijk doordat de inkomsten aanvankelijk het dubbele waren van de uitbetaalde netto lonen.

De opdrachtgevende bedrijven krijgen dus zeer goedkope arbeidskrachten, zo'n 20% beneden de bruto loonkosten en weten daardoor van tevoren dat ze met frauduleuze koppelbazen in zee gaan. Wanneer je op het Waterlooplein een spiksplinternieuwe kleurentelevisie koopt voor ƒ 60, acht de rechter wel bewezen dat je bewust van andermans diefstal hebt geprofiteerd en je daardoor aan het misdrijf heling hebt schuldig gemaakt. Maar als je als opdrachtgever willens en wetens mensen van een koppelbaas inhuurt tegen prijzen die 20% beneden de normale bruto lonen liggen, achtten veel rechters niet bewezen dat je bewust profiteerde van fraude. Ook werknemers die hogere netto lonen dan normaal ontvangen bij een koppelbaas weten uiteraard waar ze mee bezig zijn.

In werkelijkheid weet ook iedereen wanneer hij met een koppelbaas te maken heeft. Aan zo iemand wordt niet op de pof geleverd. Hieruit volgt dat plof-BV's vrijwel geen concurrente schuldeisers zullen hebben maar wel relatief

29

zeer hoge schulden aan fiscus of bedrijfsvereniging. Fiscus en bedrijfsvereniging krijgen hun vorderingen pas maanden nadat deze zijn ontstaan, betaald. Zij geven dus noodgedwongen fiscaal krediet respectievelijk bedrijfsverenigingskrediet. Plof-BV's laten dus veel hogere onbetaalde schulden aan fiscus en bedrijfsvereniging na dan de gemiddelde failliete BV. Tevens laten ze veel lagere onbetaalde schulden aan gewone schuldeisers na dan de gemiddeld failliete BV's. We moesten dus alleen bekijken bij welke failliete BV's dit het geval was.

Bij het totaal van alle door het CBS onderzochte failliete BV's was de gemiddelde onbetaalde schuld aan fiscus en bedrijfsvereniging f 380 000 en aan normale schuldeisers gemiddeld f 430 000. Wanneer de onbetaalde schuld aan fiscus en bedrijfsvereniging bij een bepaalde BV vijf keer zo groot is als de post gewone schuldeisers, dan wijst dat al in de richting van fiscale fraude, en zeker wanneer de schuld aan fiscus en bedrijfsvereniging tien of twintig keer zo groot is als de post onbetaalde gewone schuldeisers. Dit bedenkende werd het tijd voor weer een nieuwe computeruitdraai bij het CBS. We vroegen de gefailleerde BV's in verschillende groepen te verdelen volgens de verhouding onbetaalde schulden aan fiscus plus bedrijfsvereniging enerzijds en aan gewone schuldeisers anderzijds.

Wij werden in onze verwachtingen niet teleurgesteld. In de groep waarin de fiscale schuld (waarmee we in dit hoofdstuk verder ook de schuld aan de bedrijfsvereniging bedoelen) meer dan twintig keer zo groot was als de schuld aan gewone schuldeisers kwam 7% van de BV's voor. Het aantal BV's in deze groep was echter niet zo belangrijk, omdat daar ook kleine BV'tjes bij konden zijn, die toevallig in de groep zaten omdat ze hun leveranciers wel hadden betaald maar zo'n primitieve boekhouding hadden dat ze zonder opzet ernstig achterop waren geraakt met betalen van sociale lasten en dergelijke.

Een belangrijkere conclusie was echter dat in deze

30

groep een onbetaalde schuld aan fiscus en bedrijfsvereniging was samengebald van niet minder dan *f* 840 miljoen. De gemiddelde onbetaalde schuld aan fiscus plus bedrijfsvereniging in deze groep was *f* 2 miljoen en aan normale schuldeisers slechts *f* 16 000. In deze groep was de onbetaald gebleven schuld aan fiscus en bedrijfsvereniging dus 125 keer zo hoog als aan normale schuldeisers. Doordat de CBS-cijfers niet de nog lopende faillissementen bevatten, is het werkelijk met plof-BV'tjes gefraudeerde bedrag hoger dan *f* 840 miljoen. In totaal is de fraude met behulp van in de periode 1978-1982 gefailleerde plof-BV's op anderhalf miljard gulden te schatten. Men moet niet denken dat de koppelbazen dit bedrag in eigen zak hebben gestoken. Zij hebben er goed aan verdiend, dat is waar, maar verreweg het grootste deel hebben zij aan het Nederlandse bedrijfsleven doorgesluisd door hun diensten goedkoop aan te bieden. In feite verdienen koppelbazen, die in de tang zitten van hoge netto lonen enerzijds en door concurrentie lage bruto opbrengsten anderzijds, 3 à 4 gulden per manuur. Van de gefraudeerde anderhalf miljard is dus hooguit *f* 250 miljoen bij de koppelbazen zelf terechtgekomen. De rest ging weer terug naar het bedrijfsleven.

Uit de cijfers van de laatste computeruitdraai viel ook nog het volgende af te leiden. De faillissementen met plof-BV'tjes begonnen in 1978 van de grond te komen. Uit het voor ons bewerkte CBS-materiaal blijkt dat in dat jaar zeven plof-BV's te zamen *f* 17 miljoen onbetaalde schuld aan fiscus en bedrijfsvereniging achterlieten en slechts *f* 72 000 aan concurrente schuldeisers – waarschijnlijk de rekening van de laatste op de zaak geboekte vakantietrip. Bij het noteren van dit zevental moet wel beseft worden dat de meeste plof-BV's van de generatie 1978 reeds afgewikkeld waren voordat het CBS de faillissementsdossiers begon te bestuderen. Er zijn dus in 1978 aanzienlijk meer plof-BV's failliet gegaan dan uit deze cijfers blijkt.

Een andere conclusie is dat de fiscale fraude met plof-BV's reeds sinds 1980 op de terugtocht is. De cijfers over de in 1981 afgehandelde faillissementen tonen aan dat de plof-BV's in dat jaar verantwoordelijk waren voor niet minder dan 49,4% van de onbetaalde fiscale en verenigingsschulden. In 1982 was dit percentage gezakt tot 27,6%. Door de noodzakelijke tijd van afwikkeling van een faillissement slaan deze cijfers op BV's die één of twee jaar eerder failliet zijn gegaan. De koppelbazenfaillissementen begonnen dus in 1980/81 reeds te dalen. De koppelbazenfraude begon zeker reeds in 1981 en waarschijnlijk zelfs al in 1980 in omvang af te nemen. De maatregelen om de specifieke koppelbazenfraude te bestrijden, zoals de zogenaamde wet Ketenaansprakelijkheid, kwamen in 1982 van de grond. Kennelijk heeft de aankondiging van deze maatregelen alléén reeds uitwerking gehad.

De conclusie moet dus zijn dat de fiscale fraude-faillissementen zich hoofdzakelijk van 1978 tot en met 1981 voordeden. De daarbij ploffende BV's hebben het bedrijfsleven voorzien van ongeveer veertigduizend manjaren goedkope arbeid. De andere faillissementen vonden hun hoogtepunt in de jaren 1980 tot en met 1984, dus zeker twee jaar later.

Een andere conclusie is dat de fiscale fraude-faillissementen slechts indirect schade hebben berokkend aan het bedrijfsleven, namelijk door concurrentievervalsend te werken ten opzichte van eerlijke bedrijven die geen gebruik maakten van de koppelbazen. Hier moet overigens niet te licht aan getild worden omdat eerlijke bedrijven daardoor op hogere kosten zitten en zelf het faillissement in kunnen worden gedreven. Van kapitaalvernietiging is bij de faillissementen met plof-BV's geen sprake.

Daarnaast hebben koppelbazen meegewerkt aan overheveling van gemeenschapsgelden naar het bedrijfsleven, iets waar de laatste kabinetten in Nederland ook naar streven. Weliswaar hebben koppelbazen de overheidsgelden pas aan het bedrijfsleven ten goede doen komen na aftrek van een dikke bemiddelingspremie voor zichzelf, maar ook dat is in regeringskringen niet ongebruikelijk als men de verschillende ministers beziet die na afloop van hun 'excellente' tussenfase voor hun beleid beloond worden met directiefuncties of commissariaten bij banken en bedrijven. Een verrijking achteraf dus in plaats van vooraf zoals bij de koppelbazen.

De directe schade door faillissementen voor bedrijfsleven en overheid was, zoals in het vorige hoofdstuk uiteengezet, in de periode 1980-1984 f 20,3 miljard. Hiervan blijkt slechts een relatief klein deel, f 1 miljard, door koppelbazen te zijn veroorzaakt. Dan blijft er dus nog f 19,3 miljard te verklaren. Dat gebeurt in het volgende hoofdstuk.

De relatief onschadelijke koppelbaas heeft de wetgevende gemoederen in Nederland in de jaren 1980-1985 meer bezig gehouden dan de veel schadelijker gewoonte van Nederlandse banken om zekerheden af te dwingen en, met dat rustige stootkussen voor zich, veel te lang door te gaan met kredietverlening. Wanneer er meer vrienden en relaties van koppelbazen in parlement en regering zouden hebben gezeten en minder vrienden en relaties van het bankwezen, dan zou de situatie wellicht anders hebben gelegen.

4 De verdwenen miljarden: gestolen of vernietigd?

Twintig miljard gulden aan onbetaald gebleven schulden in vijf jaar. Dat lijkt wel heel erg veel. Een vraag die sommigen wellicht bezighoudt, is waar het geld gebleven is. Wie heeft het in de zakken gestoken? Of is het in de plomp gegooid? Interessante vragen inderdaad, die wij hier zullen pogen te beantwoorden.

We zagen in het vorige hoofdstuk reeds dat op eenvoudige wijze, zonder tussenkomst van advocaten of notarissen, in de jaren 1978-1982 een bedrag van anderhalf miljard gulden aan onbetaalde schulden op overheid en bedrijfsverenigingen is afgewenteld door gebruik van plof-BV's. (Ongeveer f 1 miljard in de jaren 1980-1984.) Dit is een fractie van het totaal aan onbetaald gebleven schulden.

Ook bij 'normale' faillissementen, waaronder hier verstaan wordt faillissementen waarbij geen plof-BV'tjes betrokken zijn, is verplaatsing van voordelen aan de orde. Zoals uiteengezet is de onbetaalde schuld die bij 'normaal' faillerende vennootschappen in 1980-1984 op fiscus, bedrijfsvereniging en leveranciers te zamen is afgewenteld, ongeveer f 19 miljard. Een gedeelte hiervan is veroorzaakt door een verschuiving van voordelen die bij de afwikkeling van faillissementen optreedt. Doordat curatoren de zaken soms te goedkoop van de hand doen, worden in feite gelden van de schuldeisers verschoven naar de gelukkige kopers van deze goederen. Bij de afwikkeling van faillissementen gaat het spreekwoord 'de een zijn dood is de ander zijn brood' gedeeltelijk op.

Wanneer faillissementen slechts als gevolg zouden hebben dat voordelen verschuiven, dus alleen maar een andere verdeling van eigendommen zouden opleveren, dan zou een faillissement voornamelijk een vraagstuk van herverdeling zijn. Ondanks het kwalijke verschijnsel van het afwentelen van schulden op anderen zouden de negatieve gevolgen van faillissementen op de economie als geheel dan nog wel meevallen. Helaas vindt bij het afwikkelen van faillissementen niet slechts een herverdeling plaats, maar ziet men ook een vernietiging van goederen en kapitaal. Deze kapitaalvernietiging is niet bij alle goederen gelijk. De volgende groepen zijn te onderscheiden.

Van aanwezige kasmiddelen mag worden aangenomen dat ze zonder liquidatieverliezen aangewend kunnen worden. Ook wanneer kant-en-klare eindprodukten beneden de normale prijs uit een failliete boedel worden verkocht, is dat een verschuiving van voordelen. In die gevallen wordt namelijk het nadeel van de geringere geldopbrengst voor schuldeisers precies gecompenseerd door het voordeel voor de kopers. Hoewel hier dus alleen verschuiving van voordelen en geen vernietiging plaatsvindt, kan het te goedkoop van de hand doen van eindprodukten indirect wel schadelijk zijn voor het bedrijfsleven doordat andere bedrijven oneerlijk beconcurreerd worden door curatoren die eindprodukten beneden kostprijs verkopen.

Voor het innen van vorderingen geldt hetzelfde. Het is een bekend verschijnsel dat schulden aan failliete bedrijven zeer traag of in het geheel niet betaald worden. Er worden bij voorbeeld allerlei tegenclaims verzonnen wegens gebreken of te late oplevering. Kleine bedragen worden vaak zo maar in het geheel niet betaald, omdat men er op speculeert dat de curator voor zo'n klein bedrag toch niet zal gaan procederen.

Dat is uiteraard vaak het geval. De curator heeft bovendien vaak onvoldoende verstand van zaken om tegenclaims te kunnen beoordelen. Het gevolg van dit alles is dat de post debiteuren, al is die in principe nog zo gezond, in het algemeen slechts gedeeltelijk geïncasseerd kan worden. Dit is in totaal een verschuiving van voordelen waarbij geen vernietiging plaats vindt.

Wanneer courante kantoorgebouwen of bedrijfshallen ondershands te goedkoop worden verkocht, is dat misschien pech voor de gewone schuldeisers, maar de gelukkige kopers worden er beter van. Verschuiving van voordelen dus en geen vernietiging van kapitaal (de lezer vergeve ons het wellicht cynisch aandoende gemak waarmee wij over 'verschuiving van voordelen' schrijven). Wanneer bedrijfshallen die voor zeer gespecialiseerde toepassingen zijn gebouwd, door beëindiging van het oorspronkelijke produktieproces een andere bestemming krijgen, daalt de waarde door het faillissement echter wel en vindt dus ook kapitaalvernietiging plaats.

Het accent ligt nog meer op vernietiging van kapitaal wanneer onderhanden zijnde werken onafgemaakt blijven (of met extra kosten door anderen moeten worden voltooid) zoals bij faillerende aannemingsmaatschappijen gebeurt, of wanneer halffabrikaten op de schroothoop belanden. In die gevallen vindt soms aanzienlijke vernietiging plaats doordat goederen waar veel kosten voor gemaakt zijn, niet meer worden afgemaakt en voor niemand meer enig waarde vertegenwoordigen.

Sprekend is vaak ook de vernietiging van kapitaal bij de liquidatie van machines en installaties, hoewel ook hier voordelen worden doorgeschoven. Zo is het gebruikelijk dat de goedkopere spullen op dit gebied op speciale veilingen worden gebracht om daar op ouderwetse wijze (zoals in grootvaders tijd met hamerslagen en 'van je eenmaal, andermaal, verkocht') aan de man worden gebracht. Maar tegelijkertijd wordt driekwart van de meest waardevolle machines en installaties door curatoren aan taxatiebureaus ter beschikking gesteld. Deze kunnen hun vrienden en relaties daar ondershands weer een plezier mee doen, na aftrek van hun eigen provisiekosten. Ook in die gevallen worden dus voordelen van schuldeisers naar anderen verschoven.

Grotere combinaties van geïnstalleerde machines worden soms alleen maar voor de sloop verkocht. Dat is pure kapitaalvernietiging, zeker wanneer de produktie met deze machines op zichzelf nog rendabel was en alleen tot stilstand is gekomen door het faillissement van een belangrijke debiteur of doordat de rentelasten niet meer opgebracht konden worden, zoals wel voorkomt.

Men kan zich afvragen waarom deze vernietiging van kapitaal zo erg is. Het antwoord luidt dat van kapitaalvernietiging niemand beter wordt. Dan geldt niet 'de een zijn dood is de ander zijn brood'. Bij de vernietiging van kapitaal komt er voor niemand brood op de plank. Er is voor iedereen verlies.

De economieboekjes duiden dit soort verliezen aan als liquidatieverliezen. Deze worden groter wanneer niet ter zake kundigen de liquidatie leiden. Bij voorbeeld advocaten die door de rechtbank tot curator worden benoemd en zich plotseling als fabrikant of handelaar moeten gaan gedragen.

Wie zou niet graag weten hoeveel schade is veroorzaakt door het weggeven van cadeautjes en hoeveel door kapitaalvernietiging? Helaas biedt het CBS-materiaal niet de mogelijkheid deze twee zaken te onderscheiden. De CBS-cijfers vermelden niets omtrent de opbrengsten die buiten de curator om door de banken zijn verkregen. Verschillende vormen van zekerheden worden door de banken tijdens het faillissement op eigen houtje (voor juristen: als separatist) verkocht. Dat is in feite bijna alles en gemiddeld blijven slechts kleine restanten in de failliete boedel achter. Deze restanten brachten bij alle door het CBS onderzochte faillissementsdossiers van BV's in totaal bijna f 800 miljoen op. Een veel groter deel ging echter buiten de curator om direct naar de banken.

Om de liquidatieverliezen (inclusief uitgedeelde cadeautjes) op de achtergelaten restanten te schatten, hebben we de volgende verliespercentages aangenomen: verlies op aanwezig geld 0%, op onroerend goed 30%, op debi-

37

teuren en diversen 50% en op roerende goederen 75%. Dit komt, rekening houdend met de samenstelling van het geliquideerde pakket, uit op gemiddeld 60%. De opbrengst ad ƒ 800 miljoen is dus de overgebleven 40%. De liquidatieverliezen zijn dus anderhalf keer zo groot en komen daardoor uit op ƒ 1,2 miljard. Bij de verkoop van in de boedel achtergelaten restanten aan roerend en onroerend goed is dus ƒ 1,2 miljard vernietigd of weggegeven. Het liquidatieverlies bij de afhandeling van alle faillissementen in 1980-1984 (bv's en eenmansbedrijven bij elkaar) kan op deze wijze op een kleine vijf miljard gulden worden geschat. Dat geldt althans voor de goederen die nog in de vennootschap zaten toen het faillissement werd uitgesproken.

Het gemiddelde verlies dat de banken leiden bij de verkoop van hun zekerheden, schatten wij iets gunstiger dan 60%, namelijk op 50%. Wij veronderstellen namelijk dat hun zekerhedenpakket een gunstiger samenstelling heeft dan de in de boedels achtergelaten zaken. De liquidatieverliezen van de banken zijn overigens in nevelen gehuld. Wel staat vast dat zij met het optreden daarvan volledig rekening houden bij de keuze van het moment waarop zij hun cliënt het krediet opzeggen.

Voordat men de door de banken zelf geleden liquidatieverliezen kan berekenen, moet men weten hoeveel krediet zij aan de failliete bedrijven hadden gegeven. Zoals gezegd is 7% van het bedrijfsleven opgeruimd. Dat deel had wegens de overkreditering gemiddeld méér krediet dan het gemiddelde bedrijfsleven. Een reële schatting lijkt ons daarom dat de banken aan de geliquideerde bedrijven niet 7% maar 8% van hun binnenlands zakelijk krediet hadden geleend. Dit kan geschat worden op ongeveer ƒ 7,5 miljard. Daarop zal zeker geen verlies van meer dan ƒ 1,5 miljard zijn geleden. Iemand die de bedrijfsfaillissementen volgt, weet dat de verliezen voor de banken gemiddeld de 20% niet te boven gaan. De banken hebben dus 6 van hun geleende 7,5 miljard gulden teruggekregen.

Wanneer de liquidatie van hun zekerheden 50% verlies oplevert, zoals hiervoor is aangenomen, is bij de liquidatie van de bancaire zekerheden dus een liquidatieverlies geleden van 6 miljard gulden. De totale liquidatieverliezen bij in 1980-1984 gefailleerde bedrijven bedragen derhalve 5 plus 6 is 11 miljard gulden.

Een van de minst belichte vernietigingen bij faillissementen is de vernietiging van de menselijke produktieorganisatie. Deze bestaat uit het feit dat al dan niet goed opgeleide, maar meestal wel voor hun job getrainde, mensen deel uitmaken van een ingewerkt samenwerkingsverband dat als zodanig vernietigd wordt. Een groot aantal mensen komt nooit meer aan de slag. Soms functioneerde zo'n produktieorganisatie tot op het moment van faillissement uitstekend. Een dergelijk faillissement is dan bij voorbeeld veroorzaakt doordat of een belangrijke debiteur failliet ging of doordat, ondanks positieve produktieresultaten, de rentelasten niet meer konden worden opgebracht. Dat laatste komt dan vaak doordat te veel geld van de banken geleend was. Het leed dat liquidatie van een menselijke produktiehuishouding oplevert is uiteraard niet te schatten.

Dit is wel het geval met de economische schade. Wanneer het een samenwerkingsverband betreft waarin geproduceerd wordt zonder winst of verlies, dan brengen de mensen hun eigen kosten op. Wanneer het samenwerkingsverband vernietigd wordt, worden de deelnemers grotendeels werkloos en brengen ze niet meer hun eigen kosten op. In hoofdstuk 2 was reeds berekend dat de schade van door faillissementen veroorzaakte werkloosheid op ongeveer f 12 miljard kan worden geschat. Deze schade loopt overigens nog steeds door omdat een deel van de betrokken werknemers wel voldoende training had voor hun oude baan maar niet voldoende opleiding voor een nieuwe en dus de rest van hun leven werkloos zal moeten blijven. De schade van door faillissmenten veroorzaakte werkloosheid kan daarom rustig op ƒ 30 miljard in totaal worden geschat.

Op wie is deze schade afgewenteld? In dit geval delen belastingbetalers, werkgevers en de niet ontslagen werknemers broederlijk de kosten. De krachtige stijging van de werkloosheid in de jaren 1980-1984 die mede een gevolg was van de faillissementsgolf, heeft tot een stijging van de sociale premies geleid die gedeeltelijk door de werkgevers en gedeeltelijk door de overgebleven werknemers is betaald. Niet alle uitkeringen aan werklozen worden uit de sociale fondsen betaald. Via de Staat der Nederlanden is de schade ook op de kopers van dit boek verhaald.

We kunnen nu de directe schade door faillissementen van ƒ 20,3 miljard in 1980-1984 als volgt uitsplitsen. Bij de afwikkeling vernietigd en weggegeven: ƒ 11 miljard; door koppelbazen aan hun klanten doorgegeven en in eigen zak gestoken: ƒ 1 miljard. Er moet dus nog een gat van ƒ 8,3 miljard verklaard worden. Waar is dat geld gebleven? Die ƒ 8,3 miljard zijn niét verdwenen tijdens of na het uitspreken van het faillissement, want die verliezen zijn al van de ƒ 20,3 miljard afgetrokken. Er lijkt niets anders op te zitten dan te concluderen dat het gat van ƒ 8,3 miljard reeds voor het faillissement aanwezig was! Met andere woorden, er deden in Nederland volstrekt uitgeholde BV's met een gezamenlijk negatief vermogen van ƒ 8,3 miljard vrolijk aan het economisch leven mee. Deze BV's waren kennelijk reeds langdurig uitgehold in de periode die voorafging aan de faillissementsgolf, dus in de periode 1975-1979 toen het Nederlandse bankwezen met kredieten om zich heen strooide (tegen inlevering van zekerheden uiteraard). Het is in Nederland kennelijk mogelijk te blijven 'ondernemen' met een uitgeholde BV en de schulden die daarbij ontstaan op anderen af te schuiven.

Wat is de oorzaak van dit typisch Nederlandse verschijnsel? In de meeste grote Europese handelslanden is het verboden om met een BV door te 'ondernemen' wanneer het eigen vermogen van die BV negatief is. In sommige landen is het zelfs verboden om een bedrijf voort te zetten als het aandelenkapitaal van de vennootschap door verliezen of andere oorzaken voor de helft is weggesmolten, ook al is het eigen vermogen nog wel positief. Bovendien staat er in sommige van deze landen gevangenisstraf op het blijven 'ondernemen' met zo'n uitgeholde BV.

Overigens zal het met ingang van 1 februari 1986 ook in Nederland iets moeilijker geworden met een uitgeholde BV te blijven 'ondernemen'. Elke zelfstandige BV (dus niet in handen van een andere BV) zal na op dat moment zijn uitsteltijd te hebben verbruikt, ieder jaar zijn balans bij het handelsregister van de Kamer van Koophandel moet neerleggen.

Er is weinig fantasie voor nodig om de beweegredenen van de verschillende buitenlandse wetgevers te raden. Men wil het daar onmogelijk maken dat met hele en half uitgeholde BV's crediteuren worden benadeeld. Dat lukt daar niet onaardig, gezien het feit dat de achtergelaten onbetaalde rekeningen bij deze buitenlandse faillissementen gemiddeld vele malen kleiner zijn dan in Nederland. Het bankwezen in zijn algemeenheid pleegt anti-fraudemaatregelen in Nederland nog al eens af te remmen. Bij de wettelijke maatregelen die de koppelbazenfraude moesten bestrijden werd bij voorbeeld reeds veel weerstand ondervonden van de Nederlandse banken omdat ze vreesden dat de mogelijkheid om zekerheden af te dwingen dan wellicht beperkt zou kunnen worden! Dat het bankwezen onder leiding van De Nederlandsche Bank bestrijding van fiscale fraude niet stimuleert, en daarmee de fraude zelf indirect wel stimuleert, is een algemeen bekend feit.

Een van de belangrijkste oorzaken van het benadelen van fiscus en gewone schuldeisers blijkt dus het opereren met uitgeholde BV's te zijn. Dit gebeurt in Nederland op veel grotere schaal dan in de andere Europese handelslanden omdat de wetgeving inzake overdracht van zekerheden in Nederland ontoereikend is en de banken daar misbruik van maken. Een bank zonder zekerheden zal een bedrijf krediet blijven geven (blijven financieren) tot het moment dat het bedrijf economisch gezien geen krediet meer waard is. Een bank mét zekerheden heeft de neiging door te blijven financieren tot het moment dat ze 'niet meer voldoende gedekt' dreigt te raken. Met andere woorden, totdat haar krediet net zo groot dreigt te worden als de geschatte executiewaarde van haar zekerheden.

Wanneer dat moment bereikt is, is er dus per definitie weinig meer over voor fiscus en bedrijfsvereniging, laat staan voor de gewone schuldeisers en uiteraard helemaal niets meer voor aandeelhouders. Dit wil zeggen dat de bank blijft doorfinancieren totdat het bedrijf een zeer groot negatief vermogen heeft. Pas dan gaat de kredietkraan dicht. Het negatieve vermogen wordt dus veroorzaakt doordat de banken een bedrijf ondanks een gebrek aan levensvatbaarheid blijven financieren tot het moment dat hun vorderingen even groot dreigen te worden als de waarde van de zekerheden.

Het grootschalig 'ondernemen' met uitgeholde BV's – in de eerste plaats de verantwoording van de directies van de betreffende bedrijven – zou niet mogelijk zijn geweest wanneer de banken hieraan niet hadden meegewerkt. De gevolgen van het opereren met uitgeholde vennootschappen, een vernietigingsgolf van ƒ 19 miljard over het Nederlandse bedrijfsleven, hadden voorkomen kunnen worden, wanneer het bankwezen de nodige zelfbeheersing in acht had genomen. Een beroep op het verantwoordelijkheidsgevoel van de Nederlandse banken ten opzichte van het bedrijfsleven blijkt echter te hoog gegrepen.

De neiging van banken om door te financieren 'tot ze uit hun zekerheden lopen' met het gevolg van het op miljardenschaal opereren met uitgeholde BV's, is natuurlijk sterker wanneer de banken in staat zijn veel krediet te verschaffen. Merkwaardigerwijs kunnen de banken in dit opzicht een klein deel van de hen toe te rekenen schade naar een andere instantie doorschuiven, en wel naar De Nederlandsche Bank. Deze toezichthoudende instantie heeft ook in dit opzicht gefaald door in de jaren 1975-1979 via gerichte maatregelen de banken in staat te stellen hun kredietverlening aan het bedrijfsleven uit te breiden (zie hoofdstuk 6).

Het is voor de banken in Nederland aantrekkelijk om door te gaan met kredietverlening en het daarmee gepaard gaande ontvangen van rente, omdat zij een gigantische stoot zekerheden achter de hand hebben en daardoor toch vrijwel geen risico lopen. Dat de zekerheden van de banken bovendien vaak contractueel aan leveranciers toebehoren, daar maalt geen bankier om.

Wanneer hun frauduleus aandoende misbruik voor de rechter aan de kaak wordt gesteld, liegen de banken massaal de volgende leugen: 'Edelachtbare, wij wisten niet dat wij andere schuldeisers benadeelden. Bovendien, edelachtbare, deze normale schuldeisers kunnen niet bewijzen dat wij de benadeling bewust uitvoerden.'

Het is hun grote juridische truc dat de gewone schuldeisers vaak niet kunnen bewijzen dat de bank wist wat ze deed: andere schuldeisers benadelen. Uiteraard weet zelfs de domste bankier dat hij dat doet. Het is het fundament van het Nederlandse bankwezen. Ook in dit opzicht zou je kunnen stellen dat niet slechts individuele bankjes hier en daar maar het bankwezen als geheel een belangrijk stuk criminaliteit in zijn topbeleid geïncorporeerd heeft. Van een konijnenstroper neemt iedereen direct aan dat hij bewust handelt, maar rechters denken vaak nog dat bankiers onschuldige en onwetende kindertjes zijn die geheel tot hun uiterste verbazing merken dat, ook nog geheel tegen hun bedoeling in, andere crediteuren ACHTERAF

43

BLIJKEN te zijn benadeeld. Dat de feiten geheel anders liggen, is niet slechts bij de OGEM gebleken maar bleek ook uit een aardig artikel uit *Het Financieele Dagblad* van 18 maart 1982. In dit artikel is beschreven hoe het werkelijk gaat:

'Door de verslechterde vermogensverhoudingen (steeds meer vreemd vermogen) als gevolg van slechte bedrijfsresultaten en inflatie en een benedenwaarts gerichte conjunctuur is een wassende stroom van bedrijfsongevallen ontstaan. Door teruglopende omzetten worden bezettingsverliezen geleden,' zo schetste de heer Langman de situatie bij veel bedrijven. Als dat al niet gebeurd is, zullen de banken zekerheden opvragen in zo'n situatie.'

Dit stuk geeft helder de frauduleuze denktrant van de gemiddelde bankier weer: wanneer duidelijk is dat het een bedrijf slecht gaat, vraagt de bank zekerheden op. Daardoor blijft er bij een eventueel faillissement voor andere schuldeisers logischerwijs minder over. Het vragen van zekerheden in deze omstandigheden is dus hetzelfde als het benadelen van schuldeisers. Het vragen van zekerheden wanneer je wéét dat het slecht gaat met het bedrijf, is het bewust benadelen van andere schuldeisers. Het aardige in de Nederlandse situatie is dat het bewust benadelen van andere schuldeisers reeds officieel een misdrijf is. Wanneer je de dagelijkse bancaire praktijken beziet zou je dat niet zeggen. Daaruit blijkt dat betere wetgeving niet alleen-zaligmakend is. In het wetboek van strafrecht is de bancaire basisstrategie van het zekerheden vragen wanneer je weet dat het zo slecht gaat met je cliënt dat faillissement in een later stadium niet is uitgesloten, aangeduid met de toepasselijke naam 'bedrieglijke bankbreuk'.

Dat dit misdrijf in het Nederlandse bankwezen aan de orde van de dag is en zelfs tot de normale dagelijkse praktijken wordt gerekend, blijkt onder meer uit een artikel

44

van Peter van Bakkum op pagina twee van *de Volkskrant* van 12 oktober 1985 onder de titel 'NMB verdacht van dubieuze transacties'. Daaruit blijkt dat een hoge functionaris van de Nederlandse Middenstandsbank, toen hij vernam dat een van zijn cliënten failliet zou gaan, op het allerlaatste moment zekerheden heeft afgedwongen. Toevallig waren in die zaak geen gewone schuldeisers het slachtoffer, maar twee andere banken, namelijk Mees & Hope (dochter van de ABN) en de Westland-Utrecht Hypotheekbank (WUH). Mees & Hope deed niet moeilijk over de zaak. De andere benadeelde bank, de Westland-Utrecht Hypotheekbank vond de gang van zaken zelfs geheel normaal. Een functionaris van deze bank had zelfs gezegd dat zij de hoge NMB-functionaris niets kwalijk namen. 'Hij heeft alleen wat harder gelopen dan wij,' was diens commentaar. De WUH had verder alleen tegen de NMB gezegd: 'Heden ik, morgen gij.' Uit deze mededelingen van de WUH blijkt eerder dat men zelf een bedrieglijk bankbreukje niet uit de weg zou gaan dan dat men zulke misdrijven ernstig veroordeelt.

Het misdrijf van bedrieglijke bankbreuk als afsluiting van vroeger te veel verleend krediet, is een typisch bancair misdrijf dat zijn naam niet ontleent aan de meest voorkomende slachtoffers maar aan de daders. Slachtoffer is in verreweg de meeste gevallen het bedrijfsleven dat met zijn vorderingen weer achter het net vist. Niet alleen de wet moet op dit punt verbeterd te worden maar ook de rechtspraak. Rechters zullen de opzet tot het benadelen van andere schuldeisers bewezen moeten achten wanneer het voor een gemiddelde deskundige die goed was ingelicht, duidelijk had kunnen zijn dat op het moment dat de zekerheden werden overgedragen, het bedrijf er slechter voor stond dan een jaar eerder.

5 Het geheim van de stroppenpot

Hoe het Nederlandse bankwezen er financieel voor staat wordt voor u geheimgehouden om uw vertrouwen in dat systeem te handhaven. De Nederlandsche Bank heeft meerdere malen duidelijk gemaakt dat ze dit standpunt toejuicht. In de vs ligt dit anders, daar is openheid voor de banken juist verplicht, en niet om het vertrouwen van het publiek te ondermijnen, zoals je logischerwijs zou moeten denken, maar eveneens om het vertrouwen van het publiek te handhaven. De vraag rijst op welke manier je dat beter kunt doen, door het deksel op de pot te houden zoals in Nederland gebeurt, of door openheid van zaken te geven zoals in de Verenigde Staten.

Op andere terreinen lopen de visies minder uiteen. In beide landen heeft men bij voorbeeld de openbaarheid van rechtspraak in de grondwet opgenomen en dit beslist niet om het vertrouwen in de rechtspraak te ondermijnen. In beide landen gaat men ervan uit dat niet alleen het vertrouwen in de rechtspraak maar ook de kwaliteit daarvan beter is gewaarborgd bij openheid.

Een gedachte die overigens ook in andere grote Europese handelslanden geheel geaccepteerd is.

De Europese Gemeenschap heeft voor de aangesloten lidstaten, waaronder Nederland, enkele jaren geleden bepaald dat alle vennootschappen een balans bij het handelsregister moeten publiceren (behalve wanneer ze in handen zijn van andere vennootschappen). Een van de belangrijkste redenen van invoering van deze richtlijn was dat het voor leveranciers mogelijk werd te beoordelen of zij op de pof zouden leveren of alleen tegen contante betaling.

Langzamerhand wordt duidelijk dat het standpunt van

De Nederlandsche Bank onhoudbaar is. Door nog langer geheimzinnig te doen wordt het vertrouwen in het Nederlandse bankwezen slechts verder ondermijnd dan het nu reeds het geval is. Een en ander geldt des te sterker nu de president van De Nederlandsche Bank, Duisenberg, in het najaar van 1983 de onbetrouwbaarheid van De Nederlandsche Bank duidelijk heeft gemaakt. Toen pandbriefhouders van de failliet gegane Tilburgsche Hypotheekbank klaagden over het feit dat die bank 13% rentegevende pandbrieven aan hen had verkocht, toen De Nederlandsche Bank reeds wist dat de zaak in feite op de fles was, sprak Duisenberg vanuit Washington, waar hij toen grote zaken deed, troostende woorden met als strekking:

> Eigen schuld, dikke bult, als je zo'n hoge rente aangeboden krijgt weet je dat je aan een failliete boedel leent.'

Duisenberg deed op dat moment verschillende interessante uitspraken tegelijk. De Staat der Nederlanden verkocht praktisch op hetzelfde moment eveneens 13% rentegevende obligaties. Dus kwam zijn uitspraak erop neer dat de Staat der Nederlanden in feite failliet was.

Een andere constatering is in het kader van dit boek echter veel interessanter. Hij zei in feite dat het publiek zich bij het zoeken naar veiligheid voor zijn spaargelden niet kan beroepen op de toezichthoudende functie van De Nederlandsche Bank, maar dat men integendeel zelf moet beoordelen welke Nederlandse banken binnenkort failliet kunnen gaan en welke banken het nog wel een tijdje zullen kunnen uitzingen. Het is nuttig om te weten dat de wet Toezicht Kredietwezen op deze wijze wordt uitgelegd door degene die officieel het toezicht moet houden. De wet Toezicht Kredietwezen gaat er namelijk wél van uit dat De Nederlandsche Bank de taak heeft het publiek te beschermen tegen faillissementen van onder haar toezicht staande banken.

Nu De Nederlandsche Bank zich feitelijk niet verantwoordelijk acht voor schade die onder haar toezicht staande banken aan het sparend en beleggend publiek aanrichten, moeten anderen voorzien in de informatiebehoefte over de toestand van het Nederlandse bankwezen. Die behoefte is volgens ons namelijk onverminderd aanwezig, ja in feite sinds 1985 zelfs groter dan ooit. Wij rekenen het ons tot een aangename plicht hierin te mogen voorzien.

Wie over de solvabiliteit van het Nederlandse bankwezen praat, gaat er meestal van uit dat er grote stille of zelfs geheime reserves bestaan, grote potten met geld waaruit alle stroppen bestreden kunnen worden. De totale solvabiliteit van het Nederlandse bankwezen komt in het volgende hoofdstuk aan de beurt. Het leek ons een aardige intro om eerst deze geheime potten eens te inspecteren. De financiële pers heeft zich vaak beklaagd over het feit dat de stroppenpot geheim is. Het bestaan van een geheime stroppenpot is in strijd met het wezen van de wet op de jaarrekening die door de Europese Gemeenschap is vastgesteld en ook in Nederland van kracht is. Daarin is minutieus vastgelegd welke soorten voorzieningen er allemaal gevormd moeten worden, of deze op lange of korte termijn moeten worden gevormd, of ze tegen risico's of tegen bepaalde verliezen gevormd moeten worden enzovoort. Heel dit wettelijk stelsel wordt als het erop aankomt echter 'bekroond' door het wettelijk privilege van de banken: zij hoeven hun Voorzieningen voor Algemene Risico's (VAR, in de wandeling ook wel stroppenpot genoemd) niet in de jaarrekening te tonen. Zij moeten wel de bedragen vermelden die aan deze voorziening worden toegevoegd maar zij hoeven weer niet te melden hoeveel zij uit deze pot halen om feitelijk geleden verliezen te dekken. Aldus gaat niet alleen het inzicht in de 'stroppenpot' de mist in, maar ook de hele jaarrekening van de banken.

Gelukkig publiceert De Nederlandsche Bank in haar eigen jaarverslag wel de VAR-onttrekkingen van alle banken bij elkaar. Juridisch heet het wat anders. In de jaarverslagen van De Nederlandsche Bank worden de onttrekkingen bijzondere lasten genoemd. Deze afwijkende woordkeus biedt aan De Nederlandsche Bank de gelegenheid te zeggen dat bijzondere lasten niet hetzelfde is als 'onttrekkingen aan de stroppenpot' en dat wij dus een onjuiste berekening hebben gemaakt. De lezer weet dan echter beter.

Ook alle toevoegingen aan de stroppenpot zijn te berekenen. Namelijk door de jaarverslagen van de vele tientallen banken door te lezen en de toevoegingen aan de VAR bij elkaar op te tellen. Omdat voor de berekening van de stroppenpot een afwijking van tien of twintig miljoen gulden zonder belang is, hebben we ons echter niet beziggehouden met het lezen van de allerkleinste bankjaarverslagjes. We hebben de toevoegingen van de vijf grootste algemene banken bij elkaar opgeteld. De Rabo-bank hoort daar niet bij; die vormt een aparte categorie net als de spaarbanken. De vijf grootste algemene banken (tot 1979 als handelsbanken aangeduid) zijn de Amro-bank, ABN, Nederlandse Middenstandsbank (NMB), Nederlandse Crediet Bank (NCB) en Credit Lyonnais Bank Nederland (ex-Slavenburg). Deze doen ruim 93% van de bankzaken en we hebben dat getal met 1,07 vermenigvuldigd om de totale toevoegingen van alle algemene banken aan de stroppenpot te schatten.

In het begin van de jaren zeventig werd er meer aan de stroppenpot toegevoegd dan eruit gehaald. Dat ging nog door in de jaren 1975 tot en met 1979 (zie tabel 6). In deze vierjaarsperiode groeide de VAR van alle handelsbanken bij elkaar netto nog met ƒ 250 miljoen. Dat is niet veel wanneer men beseft dat het Nederlandse bankwezen in deze periode alleen al door optreden van de toenmalige minister van financiën Van der Stee voor ƒ 200 miljoen overheidssteun ontving (vermomd als steun aan het zieltogende concern Koninklijke Scholten Honig; Van der Stee wachtte met steun tot de banken de ontbrekende zekerheden hadden gekregen en zij dus de *f* 200 miljoen direct in eigen zak konden steken).

In 1980 begonnen de toevoegingen aan de stroppenpot serieus te stijgen (zie tabel 6), van *f* 600 miljoen in 1979 naar *f* 1041 miljoen in 1980, dus met 74%. Op het eerste gezicht lijkt dat normaal omdat het aantal bedrijfsfaillissementen in dat jaar ongeveer even sterk steeg. Toch klopt de zaak niet. De onttrekkingen aan de stroppenpot blijken niet met 60% te zijn gestegen maar met 180%! In 1980 werd namelijk *f* 1552 miljoen onttrokken. Dat is bijna even veel als de totale schade die gewone schuldeisers in 1980 bij bedrijfsfaillissementen hebben geleden.

De lezers weten echter dat gewone schuldeisers bij bedrijfsfaillissementen veel en veel grotere verliezen lijden dan de banken. De verliezen van de banken komen dus ergens anders vandaan. Waar deze verliezen vandaan komen zullen we in de volgende hoofdstukken zien. Voorlopig willen we de aandacht vragen voor het feit dat in 1980 de stroppenpot voor het eerst sinds onheuglijke tijden is leeggelopen in plaats van gevuld. De leegloop start ook niet zo zwak, namelijk met *f* 553 miljoen. Het jaar daarop, in 1981 werd netto *f* 965 miljoen onttrokken. Daarna niets meer.

In de achtjaarsperiode 1971-1979 is de stroppenpot in totaal gegroeid met het luttele bedrag van ca *f* 400 miljoen. In de vier opvolgende jaren 1980-1983 is de stroppenpot echter met *f* 1869 miljoen leeggelopen. Sinds 1971 is de VAR dus netto met ca *f* 1,5 miljard achteruitgegaan. Zou er nog wel iets in zitten, in die befaamde stroppenpot? Erg waarschijnlijk is het niet. Zeker niet wanneer men beseft dat het getoond eigen vermogen van de Nederlandse handelsbanken eind 1970 niet veel meer dan *f* 2 miljard was en een stille reserve van één miljard in die tijd al uitermate hoog lijkt te zijn geschat.

50

De Nederlandsche Bank zelf heeft de sleutel voor het raadsel aangereikt. In haar jaarverslag 1977 ging zij over tot een systeemwijziging bij de presentatie van de bankcijfers. Zo'n wijziging kan lastig zijn, maar in dit geval komt het goed van pas. In haar jaarverslag 1977 schreef De Nederlandsche Bank dat voor alle handelsbanken bij elkaar 'kapitaal en reserves waaronder achtergestelde leningen' per eind 1976 f 7597,1 miljoen waren. In het jaarverslag 1978 was De Nederlandsche Bank overgegaan op 'kapitaal met gepubliceerde vrije reserves en achtergestelde leningen'. Het verschil zat hem dus in de 'niet-gepubliceerde vrije reserves' ofte wel de beroemde VAR. Omdat De Nederlandsche Bank in haar jaarverslag 1978 ook nog zo vriendelijk was de vergelijkbare cijfers over 1976 op te nemen (f 6506,8 miljoen) was duidelijk dat het verschil tussen deze beide cijfers de grootte van de geheime stroppenpot weergaf per eind 1976.

Eind 1976 was de VAR dus f 1090,3 miljoen groot! En eind 1971 dus ongeveer f 700 miljoen. Dat was in 1970 ongeveer 30% en in 1976 ongeveer 18% van het eigen vermogen van de banken. Tot 1979 groeide de VAR nog en het decennium werd afgesloten op een historisch topniveau van f 1307 miljoen. Ook dat was 18% van het toenmalige eigen vermogen. In 1980 trad de eerder vermelde scherpe daling op tot een niveau dat we nu met behulp van het basisrekenjaar 1976 kunnen berekenen, namelijk f 796 miljoen. Het jaar daarop reeds raakte de jarenlang zorgvuldig opgekweekte spaarpot leeg! De stand aan het einde van het jaar was f 169 miljoen negatief. Het nulpunt moet vlak voor Sinterklaas gepasseerd zijn. Dat zal ook ongeveer de stand eind 1984 zijn. In 1981 reeds was de koek op, althans de stroppenpot leeg.

Het is overigens best mogelijk om uit een lege stroppenpot nog verder wat te peuren. Uit de antwoorden van minister Ruding op kamervragen van Kombrink en Rey bleek namelijk dat de stroppenpot van de hypotheekbanken in 1981 en 1982 negatief was. Een negatieve stroppenpot is niet zo iets als zwart licht, koud vuur of naar boven stromend water, maar is een boekhoudkundige truc. Deze bestaat hieruit dat verliezen niet van het eigen vermogen worden afgetrokken maar bij de eigendommen worden geteld. Eigendommen worden in de wereld der boekhouders ook wel als activa aangeduid. Vandaar dat het bij de eigendommen van de vennootschap zetten (boeken) ook wel als activeren van verliezen wordt aangeduid. Een negatieve stroppenpot is dus een geactiveerd verlies. Het is gebruikelijker om verliezen niet te activeren maar om ze 'vooruit te schuiven'. Dan worden de verliezen nog even onzichtbaar gehouden en dat toont eleganter. Vandaar dat men vaker een vooruitgeschoven verlies aantreft dan een negatieve stroppenpot.

Ondanks dit alles stelt Duisenberg in *de Volkskrant* van 11 oktober 1985: 'De Nederlandsche Bank verplicht de banken hun voorzieningen voor dubieuze leningen te verhogen. Dat is de contradictie van de hele situatie. Die reserves zijn in Nederland geheim, maar ze zijn er wel.'
Zou Duisenberg dan gewoon zitten te liegen? Nee, dat doet hij niet! Je moet echter wel heel erg goed lezen wat hij zegt. Hij heeft het niet over de Voorzieningen voor Algemene Risico's van de algemene banken maar van dé banken, alle banken dus. Daar hoort – behalve de algemene banken – ook de Rabo-bank bij. En die heeft toevallig wel een grote positieve stroppenpot (2 tot 3 miljard gulden) waarmee het totaal inderdaad boven nul uitkomt. Een van de eerste dingen die Duisenberg heeft gedaan toen hij in 1981 president van De Nederlandsche Bank werd, was in het jaarverslag de stroppenpotten van de Rabo-bank en de handelsbanken bij elkaar optellen. Wel jammer voor de schuldeisers van die andere banken dat zij niet bij de Rabo-pot kunnen komen indien het met hun eigen bank misgaat.

6 De Falende Toezichthouder (kredietwezen)

In de meeste westerse industrielanden hebben de overheden reeds tientallen jaren geleden maatregelen genomen om faillissementen van banken te voorkomen. Het doel van die maatregelen was enerzijds spaarders te beschermen tegen de gevolgen van bancair wanbeleid en anderzijds te voorkomen dat een ernstige economische ineenstorting zou optreden door het faillissement van een of meer banken. Een van de gebruikelijke maatregelen is het aanwijzen van een toezichthoudende instantie die dwingend aanwijzingen aan de banken kan geven.

In Nederland is De Nederlandsche Bank NV (DNB) als zodanig aangewezen. De Staat der Nederlanden werd in 1948 eigenaar van alle aandelen van deze vennootschap. In dat jaar werd ook de Bankwet van kracht. Op basis van die wet heeft De Nederlandsche Bank het staatsmonopolie op het maken van bankbiljetten met het oogmerk deze als echt en onvervalst uit te geven. Daarnaast is De Nederlandsche Bank belast met het zodanig reguleren van de waarde van de gulden dat deze stabiel is en dat tegelijkertijd de welvaart in Nederland wordt gediend. De Bankwet verplicht De Nederlandsche Bank tevens tot het houden van toezicht op het kredietwezen. Met het kredietwezen worden bedoeld de algemene banken (ABN, Amro, NCB, NMB, Credit Lyonnais enzovoort), de spaarbanken, de effectenkredietinstellingen en de zogenaamde landbouwkredietinstellingen (ook wel als Rabo-bank aangeduid).

Het toezicht op het kredietwezen dat in de bankwet slechts in één artikel was geregeld, kreeg in 1952 een meer uitgebreide wettelijke basis doordat in dat jaar de Wet Toezicht Kredietwezen (WTK) van kracht werd. Deze werd in 1956 gewijzigd.

Naar aanleiding van het faillissement van de bank Teixeira de Mattos in 1968 besloot de regering, mede op verzoek van De Nederlandsche Bank, de WTK te wijzigen om de bevoegdheden van De Nederlandsche Bank tot het gewenste peil te verhogen. Deze gewijzigde wet is uiteindelijk bijna tien jaar later, in 1978, van kracht geworden en komt grotendeels uit de koker van de voormalige minister van financiën Duisenberg. De WTK geeft De Nederlandsche Bank verregaande bevoegdheden met betrekking tot het beleid en de gang van zaken bij de banken.

Een van de belangrijkste doelstellingen van de WTK – bescherming van het publiek tegen de gevolgen van bancair wanbeleid en faillissementen van banken – is niet duidelijk in de wet geregeld maar aan de banken zelf overgelaten. Dat betreft het garanderen van vorderingen van kleine spaarders en beleggers op banken. In december 1978 hebben de Nederlandse banken met elkaar en met hun toezichthouder De Nederlandsche Bank een overeenkomst gesloten onder de naam Collectieve Garantieregeling waarin deze doelstelling inderdaad werd genoemd. Bij het eerste het beste bankfaillissement (Tilburgsche Hypotheekbank in 1983) bleek de regeling ten nadele van kleine spaarders en ten gunste van de banken zelf uit te pakken.

De garantieregeling kent een Uitvoerend Orgaan, dat onder meer de garantiegelden uitkeert aan eventuele benadeelden. Toevallig is De Nederlandsche Bank, die in eerste instantie moet voorkomen dat banken failliet gaan, op 21 december 1978 door de regering ook aangewezen als Uitvoerend Orgaan.

Het takenpakket van De Nederlandsche Bank is de laatste jaren nogal uitgebreid. Sinds 1 januari 1979 is De Nederlandsche Bank, naast het houden van toezicht op het kredietwezen, ook belast met het toezicht op het hypotheekwezen. Gedurende het jaar 1979 werd deze plicht geheel verzaakt. Pas met ingang van 1 januari 1980 oefende De

Nederlandsche Bank formeel, weinig effectief, toezicht uit op de hypotheekbanken. Het inhoudelijk toezicht ging nog later van start.

Alsof het takenpakket van De Nederlandsche Bank niet reeds voldoende was, werd zij op 29 juni 1981 ook nog belast met het uitdelen van overheidsgelden aan Particuliere Participatiemaatschappijen (PPM) en het houden van toezicht hierop (zie hoofdstuk 12).

Een van de methoden die De Nederlandsche Bank toepast bij het uitoefenen van haar toezicht op het kredietwezen, is het geven van solvabiliteitsrichtlijnen voor de banken. Uitgangspunt voor deze richtlijnen, ook wel solvabiliteitseisen genoemd, is dat het eigen vermogen van de banken, de financiële buffer dus, voldoende groot moet zijn om de risico's van het bankbedrijf te kunnen opvangen: het gevaar dat de verleende kredieten niet meer geheel aan de banken terugbetaald worden.

Men kan de 'publiekbeschermende' werking van het eigen vermogen pas beoordelen wanneer dit wordt gezien in verhouding tot de omvang van de risico's, dus in verhouding tot het totaal verstrekte krediet. Een bank met een eigen vermogen van f 1 miljard en totale vorderingen van f 10 miljard, is veiliger voor spaarders dan een bank met hetzelfde eigen vermogen die twee keer zoveel krediet heeft verstrekt.

De kracht van de veiligheidsbuffer kan worden gemeten door het eigen vermogen te delen door het balanstotaal. Men krijgt dan een percentage dat een graadmeter voor de 'veiligheid' van de betreffende bank is. Met balanstotaal is bedoeld de som van alle verleende kredieten en andere eigendommen van de bank.

Tot 1955 bestond er in Nederland nauwelijks of geen toezicht op de solvabiliteit van het bankwezen. Er bestonden ook geen solvabiliteitsrichtlijnen. Pas in dat jaar zijn schoorvoetend maatregelen genomen die uitgelegd kunnen worden als het stellen van solvabiliteitseisen. Er was tot 1952 geen Wet Toezicht Kredietwezen en er was ook niemand die zich druk maakte over de solvabiliteit van het bankwezen. Heel begrijpelijk in die tijd, want het eigen vermogen van de handelsbanken was op dat moment ruim voldoende. Dat was het zelfs in 1964 nog. Toen was het eigen vermogen nog 7,6% van het balanstotaal en wanneer men de geheime stroppenpot meerekent zelfs 9% (zie tabel 8).

Het gebrek aan belangstelling voor het toezicht op het kredietwezen blijkt ook uit het feit dat de jaarverslagen van De Nederlandsche Bank niet één hoofdstuk wijdden aan dit onderwerp. Tot 1977 werd dit onderwerp meebehandeld in het hoofdstuk 'Andere werkzaamheden der Bank'.

In 1969 was de situatie met betrekking tot het toezicht nauwelijks gewijzigd ten opzichte van vijf jaar daarvoor. Het eigen vermogen van de algemene banken was inmiddels wel gezakt van 9% naar 5,9% van het balanstotaal (inclusief stroppenpot), maar de solvabiliteit en het toezicht daarop trokken nog steeds geen grote belangstelling. De aandacht ging, blijkens de jaarverslagen van De Nederlandsche Bank, geheel uit naar zaken als de waarde van de gulden, inflatie, rente, primaire en secundaire liquiditeiten en daarmee samenhangende definitieproblemen, kortom: naar monetaire zaken, en niet naar de solvabiliteit van het bankwezen.

Wie denkt dat De Nederlandsche Bank ervaring en verstand van zaken noodzakelijk achtte voor het toezicht op de solvabiliteit van het bankwezen vergist zich. Door het beschreven gebrek aan interesse aan de top kon het gebeuren dat in 1968 iemand chef van de afdeling toezicht kredietwezen werd die moeilijk als een ervaren bankier kon worden beschouwd. Het was een tweeëndertigjarige jurist die vier jaar eerder was afgestudeerd en na zijn studie direct bij De Nederlandsche Bank was gaan werken. Deze man zonder bancaire ervaring ging vanaf dat moment de solvabiliteit van het gehele Nederlandse bankwezen onder toezicht houden! Deze benoeming mag illustratief genoemd worden voor de grenzeloze nonchalance waarmee de top van De Nederlandsche Bank de solvabiliteit en het bedrijfseconomisch toezicht op het kredietwezen behandelde.

Sinds de ondergang van de Tilburgsche en de bijnaondergang van de Friesch-Groningsche begint de Bank het toezicht belangrijker te vinden en raakt men dieper van eigen incompetentie doordrongen. Men beseft het niet meer zelf te kunnen en roept de volgende hulptroepen in: 1. de accountants die de stukken van de bankdirecteur moeten goedkeuren (wie dan verantwoordelijk is wordt minder duidelijk); 2. commissarissen van de banken (ook hierdoor wordt de verantwoordelijkheid en aansprakelijkheid minder helder); 3. de wetgever, want wanneer je op topniveau gefaald hebt, volsta je gewwon met een wetswijziging voor te stellen. Iedereen zal dan concluderen dat er geen menselijke fouten zijn gemaakt, maar dat de wet onvoldoende was. Deze uitbreiding van toezichthoudende hulptroepen wekt een deerniswekkende indruk van een in het duister tastende toezichthouder.

In 1955 formuleerde De Nederlandsche Bank, zoals gezegd, voor het eerst solvabiliteitsrichtlijnen (zie tabel 7 voor de ontwikkeling van deze richtlijnen). Deze hebben niet de simpele vorm van 'op zoveel gulden verleend krediet moet minstens zoveel gulden eigen vermogen aanwezig zijn'. De Nederlandsche Bank heeft, wat op zichzelf juist is, de vermogenseisen voor de banken gekoppeld aan de risico's van de uitstaande kredieten, althans dat heeft ze in theorie gedaan. Voor leningen met verschillende risico's gelden verschillende solvabiliteitseisen. Het zal duidelijk zijn dat banken bij lage solvabiliteitseisen meer krediet kunnen verschaffen en dus meer risico's kunnen nemen dan bij hoge solvabiliteitseisen. De toezichthoudende instantie kan door deze eisen te variëren de risico's die de banken kunnen nemen, sturen. In de praktijk heeft De Nederlandsche Bank de solvabiliteitseisen in de loop der jaren voornamelijk lager gesteld. Daardoor is zij mede verantwoordelijk te stellen voor de financiële uitholling van het Nederlandse bankwezen.

De eis voor leningen aan Nederlandse overheden is sinds 1955 steeds 0% geweest. De Nederlandsche Bank stelt dat alle leningen aan, of onder garantie van, de Nederlandse overheid risicoloos zijn en dat daarvoor dus geen eigen vermogen aanwezig hoeft te zijn. Onder de Nederlandse overheid worden niet slechts de Staat der Nederlanden, maar ook provincies, gemeenten en waterschappen verstaan.

Een andere pijler van de solvabiliteitsbeoordeling is steeds het uitgangspunt geweest dat voor kredieten aan andere onder toezicht staande instellingen (banken en spaarbanken) geen eigen vermogen hoeft te worden aangehouden. Kredieten aan buitenlandse overheden en banken werden eveneens als 100% safe beschouwd en daarom werd de solvabiliteitseis voor aan deze instellingen verleende kredieten eveneens op 0% gesteld.

Voor kredieten zonder hypothecaire zekerheid aan de private sector (bedrijfsleven plus privé-personen) werd in 1955 een solvabiliteitseis van 20% gesteld. Voor door hypotheek gedekte kredieten werd de eis op 10% gesteld.

Per 1 januari 1969, nog geen jaar na het eerste naoorlogse bankfaillissement (Teixeira de Mattos), nam De Nederlandsche Bank maatregelen: de richtlijnen werden voor het eerst veranderd. Het werd de banken echter niet al te moeilijk gemaakt. Of men moet de ezelskeuze tussen twee schelven hooi als een moeilijk probleem zien. De banken mochten kiezen uit twéé setjes solvabiliteitsnormen! De eerste set hield in dat alles bij het oude bleef (richtlijnen 1955). De tweede, nieuwe, optie hield (naast een minuscule verhoging op een andere kredietsoort) in dat de solvabiliteitseis voor ongedekte kredieten aan de private sector verminderde van 20% naar 16,66%. De meeste banken kozen uiteraard voor de tweede optie. Deze verlaging gold ook voor kredieten aan andere financiële instellingen zoals financieringsmaatschappijen, lease-maatschappijen en hypotheekbanken. Het korte termijn effect van het Teixeira-faillissement was dus dat aan de overblijvende banken de mogelijkheid werd gegeven hun risico's met ongeveer 5% te verhogen.

Hoewel verbazing op zijn plaats lijkt, is deze reactie van De Nederlandsche Bank nog gezond te noemen vergeleken met haar latere optredens als toezichthouder.

De Nederlandsche Bank wijzigde de eisen opnieuw per 1 maart 1977, maar nu op ingrijpende wijze (zie tabel 7). Deze wijzigingen zaten echter reeds jaren in de pen en de banken rapporteerden daarom al sinds 1973 volgens deze nieuwe normen aan De Nederlandsche Bank.

Allereerst werden de solvabiliteitsrichtlijnen ook van toepassing verklaard op deelnemingen (halve of hele dochtermaatschappijen) van de banken. Dat was voordien niet het geval. Door deze maatregel zou de vereiste solvabiliteit stijgen omdat deze deelnemingen ook kredieten hadden uitgezet.

Doordat de aanwézige solvabiliteit dezelfde bleef zou er een solvabiliteitstekort optreden! Dit was niet de bedoeling. Deze onaangename consequentie van het uitgebreide toezicht werd ontlopen. Tegelijkertijd namelijk werden de solvabiliteitseisen zelf aanmerkelijk opgerekt. Voor ongedekte kredieten aan de private sector werden deze verlaagd van 16,66 naar 10%. De kredietverlening aan bedrijfsleven en privé-personen – zonder evenredige vergroting van het eigen vermogen – werd door deze maatregel uiteraard gestimuleerd. De niet door hypothecaire zekerheid gedekte kredieten verdubbelden bijna in de vier jaren van 1975 naar 1979 (zie tabel 9). Het effect trad reeds sinds 1975 op omdat toen bekend was dat de maatregelen eraan kwamen.

Een nog grotere verlaging van de solvabiliteitseis vond plaats bij de kredietverlening mét hypothecaire zekerheid. Voor kredietverlening met hypotheek op bedrijfspanden werd de norm gehalveerd van 10% naar 5%. Dit stimuleerde de overkreditering van het bedrijfsleven pas werkelijk. De banken gebruikten de nieuwe ruimte voor het verlenen van extra kredieten met hypothecaire zekerheid. De banken hielden de betreffende bedrijven daarbij vaak door overkreditering kunstmatig in stand – op basis van bancaire zekerheden in plaats van op economische vooruitzichten – totdat deze door de voortgaande verliezen enkele jaren later (1980-1984) zodanig uitgehold waren dat de bedrijven alsnog, maar nu met veel schadelijker gevolgen, geliquideerd werden. Met name de verruiming van de kredietmogelijkheden op basis van hypothecaire zekerheid moet een grote stimulans zijn geweest voor het in latere jaren op grote schaal opereren met uitgeholde BV's.

Een nog drastischer verslapping van normen vond plaats bij de kredietverlening met hypotheek op woningen. De solvabiliteitseis voor deze kredieten werd tot eenderde teruggebracht van 10% naar 3,33%.

De beide maatregelen op hypotheekgebied leidden uiteraard tot een kredietexplosie met hypothecaire zekerheden. Deze verviervoudigde van 1975 tot 1979, van ƒ 9 miljard naar ƒ 36 miljard.

De handelsbanken liepen zoals te verwachten was vooruit op de aanstaande normverlaging die reeds in 1973 bekend was. Het eigen vermogen in procenten van balanstotaal dat in 1975 reeds naar 4,8% gedaald was (zie tabel 9) liep versneld verder terug naar 3,8% twee jaar later (inclusief VAR).

De allergrootste normverslapping vond echter plaats bij de kredietverschaffing aan andere financiële instellingen dan de onder toezicht staande banken. Hieronder vielen met name de hypotheekbanken. Deze solvabiliteitseis werd teruggebracht van 16,66 naar 0%! De banken konden dus maar raak lenen aan de hypotheekbanken en deden dat dan ook. En dit terwijl de hypotheekbanken tot 1980 niet onder toezicht van De Nederlandsche Bank stonden.

De gevolgen van deze beide laatste maatregelen zijn zo verstrekkend geweest, zowel voor de Nederlandse bevolking als voor het Nederlandse bankwezen dat deze in een apart (hierna volgend) hoofdstuk worden behandeld.

Niet alleen de binnenlandse ontwikkelingen maar ook de buitenlandse hadden de aandacht van De Nederlandsche Bank en haar president tot 1981 dr. J. Zijlstra. Reeds sinds 1977 is het, blijkens haar jaarverslagen, voor De Nederlandsche Bank duidelijk dat vorderingen op buitenlandse banken en overheden, net als andere vorderingen, niet zonder risico zijn. In haar jaarverslag 1980 merkte zij op dat 'de zorgelijke ontwikkeling van de schuldenlast van een aantal ontwikkelingslanden in toenemende mate reden tot waakzaamheid geeft'. De waakzaamheid waartoe De Nederlandsche Bank zich wist op te werken was vooralsnog beperkt tot het vrijblijvend heffen van een waarschuwend vingertje. Toen vijf jaar na het eerste signaal, in de loop van 1982, de ene na de andere buitenlandse mogendheid bekend maakte dat zij haar schulden niet meer kon betalen, ging De Nederlandsche Bank pas echt beseffen dat dit soort vorderingen niet 100% veilig was. Ook vorderingen op buitenlandse banken – bij voorbeeld Noordamerikaanse banken, die zelf weer grote vorderingen op Zuidamerikaanse overheden hebben – zijn natuurlijk niet 100% veilig. In juni 1983, toen de centrale banken in de meeste andere industriële landen reeds geruime tijd solvabiliteitseisen hadden gesteld voor leningen aan buitenlandse mogendheden, besloot eindelijk ook De Nederlandsche Bank dat voor het debiteurenrisico van ongedekte vorderingen op buitenlandse overheden en buitenlandse banken enig eigen vermogen aanwezig moest zijn. Niet veel, maar toch wel 1% van het bedrag van de vordering. Ter vergelijking: voor ongedekte vorderingen op binnenlandse particulieren moesten de banken tot dat moment nog tien maal zo hoge reserves aanhouden.

Toen de maatregel werd ingevoerd bleek dat de Nederlandse handelsbanken vanwege hun vorderingen op buitenlandse overheden en banken ƒ 1100 miljoen extra eigen vermogen moesten hebben. Het Nederlandse bankwezen, waarvan sommigen wellicht dachten dat het primair op Nederland georiënteerd was bleek eind 1983 reeds evenveel zo niet méér aan buitenlandse banken en overheden te hebben geleend dan aan het hele Nederlandse bedrijfsleven bij elkaar, nl. ƒ 110 miljard (eind 1984 ƒ 120 miljard; zie tabel 8).

Het aanvullen van noodzakelijk aanwezig eigen vermogen in verband met het eindelijk erkende risico op dit bedrag aan ongedekte leningen aan buitenlandse overheden lijkt makkelijker gezegd dan gedaan. Deze klip werd echter snel omzeild, want De Nederlandsche Bank bepaalde tegelijkertijd dat voor vorderingen die onder *garantie* stonden van buitenlandse overheden (of banken) juist *minder* reserves aanwezig hoefden te zijn dan tot op dat moment, namelijk 1% in plaats van de 5% tot dan toe. Door deze verlaging van de vereiste solvabiliteit kwam ongeveer ƒ 250 miljoen vrij. Nog niet genoeg echter, want er moest een gat van ƒ 1100 miljoen gedicht worden.

De Nederlandsche Bank stelde zich bij de operatie 'solvabiliteitseisen buitenlandse overheden' in 1983 eens te meer als een bancair service-station op in plaats van als kritische toezichthouder. De molens van De Nederlandsche Bank malen langzaam en de Nederlandse banken wisten reeds jaren eerder dat de genoemde veranderingen er ooit eens zouden komen. De Nederlandsche Bank had ook reeds tevoren een oplossing aan de hand gedaan voor het probleem van de komende 'eisenverzwaring'.

Het was wel een wat belegen truc: met ingang van 1982

62

paste De Nederlandsche Bank bij de meting van het eigen vermogen van de banken een herwaardering van eigen kantoorpanden van ongeveer ƒ 650 miljoen toe. 'Herwaardering in opwaartse zin', zou de voormalige minister van woningbouw Udink gezegd hebben. Het betrof overwegend de kleine kantoorgebouwtjes van de handelsbanken. Deze maatregel werd ondanks de lange aanlooptijd uiteindelijk toch nog in alle haast genomen. Dat moge blijken uit het volgende: Het overleg over een 'uniform geldende nieuwe waarderingsmaatstaf' voor het eigen onroerend goed van de banken was nog niet afgerond, ja zelfs over de aanbeveling voor deze waarderingsmaatstaf vond nog overleg plaats. De nood was echter kennelijk reeds zo hoog gestegen dat diverse banken hun onroerend-goedwaardering, die op kubieke-meterprijs was gebaseerd, reeds losgelaten hadden en met instemming van De Nederlandsche Bank reeds over gegaan waren naar 'taxatiewaarde bij willige verkoop'; met andere woorden: niet te laag gewaardeerd graag, heren taxateurs.

Kennelijk was echter met deze truc de nood nog niet gelenigd: ook het aanwezige effectenbezit werd opwaarts geherwaardeerd, voor ongeveer ƒ 600 miljoen, ongetwijfeld wegens de gunstige ontwikkeling ter beurze. De gebruikelijke grondslag voor effectenwaardering is 'aankoopkoers of eventueel lagere beurskoers', kortom de laagste van deze twee. Dit was kennelijk voor het Nederlandse bankwezen een te voorzichtige grondslag.

President Duisenberg duidt deze mooipraterij ('windowdressing') in zijn jaarverslag 1983 aan met 'incidentele effecten'. Toegegeven moet echter worden dat hij in het daaraan voorafgaande jaarverslag, wat realistischer, nog sprak over 'uitzonderlijke herwaarderingen'.

Met de hiervoor beschreven maatregelen om het aanwezige vermogen omhoog en het vereiste vermogen omlaag te krikken en zodoende nog een positieve marge tussen die beide te tonen, zijn de trucs nog niet uitgeput. De jaarverslagen van 1977 tot 1984 tonen regelmatig de grote zorgen over de risico's die de binnenlandse kredietverlening met zich mee brengt. Men zou zeggen dat de vereiste solvabiliteit op dit punt misschien ook wel wat omhoog zou moeten. Niks daarvan. Dan zouden de tekorten van het Nederlandse bankwezen immers veel te duidelijk naar voren komen. Nee, op 1 juni 1983 gingen de eisen op dit punt juist *omlaag* van 10% naar 9%. Daardoor daalde de vereiste solvabiliteit met *f* 540 miljoen. Totale window-dressing door slappere solvabiliteitseisen en papieren herwaarderingen door dr. Duisenberg en het door hem gecontroleerde bankwezen in 1982 en 1983: *f* 250 miljoen (garanties van 5 naar 1%) plus *f* 650 miljoen (herwaardering vastgoed) plus *f* 600 miljoen (herwaardering effectenportefeuille) plus *f* 540 miljoen(private sector van 10 naar 9%) is *f* 2040 miljoen. Dat scheelt een slok op een borrel, namelijk 20% van het door De Nederlandsche Bank gepubliceerde eigen vermogen van de handelsbanken van *f* 10,5 miljard.

De erkenning in 1983 dat vorderingen op buitenlandse overheden ook risico's hebben, had dus als netto resultaat dat het Nederlandse bankwezen minder reserves hoefde te hebben in plaats van meer. Een knap staaltje van naar het resultaat toe rekenen. Het resultaat van dit gemanipuleer stond namelijk reeds bij voorbaat vast. Het jaarverslag 1982 meldde:

> 'Met de herziene solvabiliteitsrichtlijnen werd niet beoogd de totale solvabiliteitsbelasting voor de collectiviteit der kredietinstellingen te doen toenemen. Dit heeft ertoe geleid dat ter compensatie van de nieuwe solvabiliteitsvereisten het solvabiliteitsvereiste voor vorderingen die in het algemeen ten laste van de private sector komen, enigermate is verlaagd.'

Met andere woorden, het was niet de bedoeling dat de hogere solvabiliteitseisen tot een hogere solvabiliteit zouden leiden. Het failliet van het Nederlandse bankwezen zou dan reeds op dat moment aan het licht zijn gekomen. En zoals we allen weten is hoofdwet één van de hogere bedrijfskunde: moeilijkheden voor je uitschuiven zolang je kunt.

De camouflerende capaciteiten van Duisenberg zijn nog niet uitgeput. In het eerste jaarverslag dat hij schreef, 1981, werd voor het eerst ook een deel van het prive-vermogen van de Nederlandse boeren als eigen vermogen van de combinatie Nederlandse handelsbanken plus Rabo-banken meegeteld. Met andere woorden, De Nederlandsche Bank gebruikt de privé-vermogens van de Rabo-klanten om de speculatieverliezen van Credit Lyonnais, Friesch-Groningsche Hypotheekbank enzovoort optisch weg te werken. Het betrof een postje van slechts ƒ 4 miljoen; alle beetjes helpen, moet je maar denken. Deze boeren mogen zich overigens gelukkig prijzen dat zij hun feitelijke bankrelatie met de Rabo-bank hebben, de enige gezonde Nederlandse bank.

Bij dit alles moet men wel beseffen dat 1981 het jaar was waarin de roemruchte stroppenpot van het Nederlandse bankwezen, de VAR, leegraakte. Dit zou een goede verklaring voor het gedrag van De Nederlandsche Bank kunnen zijn. In dit opzicht wijkt De Nederlandsche Bank niet af van een gewone aannemer die zijn faillissement voor zich uit probeert te schuiven door met jaarrekeningen te malverseren.

De komende jaren zullen de Nederlandse banken hun jaarrekeningen achterstevoren opstellen: eerst het gewenste resultaat bepalen en dan de bijbehorende afboeking op buitenlandse debiteuren berekenen. Interessant te weten dat er in Zwitserland een onderhandse markt is waar leningen aan buitenlandse overheden tientallen procenten minder waard blijken te zijn dan officieel.

1981 was ook het jaar waarin de verkoop van Slavenburg's Bank aan de Franse staatsbank Credit Lyonnais
werd afgerond. De koper bleek plotseling met een verlies
van een klein miljard gulden opgescheept te zijn. Hierdoor
was men in Lyon teleurgesteld. Een hoge dunk van de toezichthoudende kwaliteiten van De Nederlandsche Bank
heeft men er in het buitenland niet aan overgehouden.
Deflassieux, directeur van Credit Lyonnais, vergeleek de
kwaliteit van het toezicht van De Nederlandsche Bank
met die in Opper Volta. Het is te hopen dat men zich daar
om deze vergelijking niet beledigd voelt.

7 Overkreditering en de huizenspeculatie 1975-1979

Wanneer de toezichthoudende instantie lage solvabiliteitseisen stelt, zullen de banken meer geld kunnen lenen en dus grotere zaken kunnen doen dan wanneer hoge solvabiliteitseisen worden gesteld. Net als bij elk ander bedrijf willen directeuren van banken ook liever grote zaken doen. Men kan er zeker van zijn dat de banken alle ruimte die De Nederlandsche Bank hun op dit gebied geeft, zullen gebruiken. Wanneer de centrale bank (de toezichthoudende instelling) genoegen neemt met een lagere solvabiliteit van de banken, zullen de banken vrijwel automatisch dat lagere percentage bereiken door zelf extra veel te lenen en het geleende geld weer als krediet uit te zetten. Dat is nu precies wat in de jaren 1975-1979 is gebeurd. De Nederlandsche Bank heeft sinds 1977 twee keer de eisen laten zakken met het te voorziene gevolg dat de financiële positie van het Nederlandse bankwezen is uitgehold. De versoepeling was reeds in 1973 aangekondigd.

Zoals we in het vorige hoofdstuk zagen, werd de solvabiliteitsnorm voor leningen aan hypotheekbanken in 1977 verminderd van 16,66% naar 0%. Bovendien vond er een héél interessante, maar naar wij vrezen voor veel lezers zeer onaangename, normverslapping plaats bij de hypotheekleningen op woningen.

De solvabiliteitseis voor deze leningen verminderde van 10% naar 3,33%. Het was echter al in 1973 bekend dat de beide normverlagingen van kracht zouden worden.

Wat een kind had kunnen voorspellen, gebeurde: de kredietverlening aan hypotheekbanken groeide sterk maar vooral de post hypothecaire leningen op woningen 'swingde de pan' uit; de banken konden nu aanzienlijk meer geld steken in woninghypotheken. Dat heeft de Nederlandse bevolking geweten. Sinds 1971 stegen de prijzen steeds zachtjes met de inflatie mee en deze prijsstijging zette in 1974 en 1975 door. De van nature kortzichtige bankiers, die dit enkele jaren hadden aangezien, vonden dat de klassieke normen voor veilige hypothecaire leningen (tot 70% van de geschatte executiewaarde) minder nauw genomen hoefden te worden. Hypothecaire kredieten van 80% en 90% van de geschatte executiewaarde werden in 1975 gebruikelijk. Hierdoor konden grote groepen extra kopers, die aanvankelijk niet over genoeg eigen geld beschikten, maar nu meer konden lenen, de markt betreden. Door deze extra kopers steeg de vraag naar koophuizen nog meer en werden deze nog duurder. De banken zagen met genoegen dat ook de geschatte executieprijzen meestegen. Hun aanvankelijk op 80% of 90% van de executiewaarde geschatte leningen waren in veilige zeventig-procenters veranderd. Zij gingen enthousiast over tot het aanbieden van hypotheken tot 100% van de executiewaarde.

Nu kwamen er mensen op de markt die in het geheel geen eigen geld hadden. Zij moesten van hun banken vooral nu kopen, want morgen konden de prijzen weer hoger zijn. En zij kochten. De bankiers die nu bij de dag leefden, zagen met koortsgloed in de ogen dat hun aanvankelijke 100%-hypotheken door de gestegen executieprijzen inmiddels eveneens in veilige zeventig-procenters waren omgetoverd. Zij begonnen nu 110%- en 120%-hypotheken aan te bieden. Huizenkopers konden hierdoor praktisch ongelimiteerde prijzen bieden en deden dat ook. De prijzen stegen daardoor nog verder. Wanneer zij kochten, konden zij het geld bij de banken lenen. Zij kregen zelfs geld toe. Op inkomens werd niet meer gelet door de banken. De prijzen van de onderpanden bleven immers toch wel stijgen! Iemand die geen geld had en ook onvoldoende inkomen om zelfs maar de rente van de lening te betalen kon toch lenen bij de bank. Hij kreeg een groeihypotheek.

Koortsige fantasieën benevelden de breinen van bankbedienden en -directeuren. Niet alleen de waarde van het huis zou tot in lengte der jaren blijven stijgen, maar datzelfde zou gelden voor het inkomen van de arme drommel die eind 1978, op het hoogtepunt van de huizenspeculatie, aan de beurt was om door aankoop van bordpapieren krotten in korte tijd een vermogend man te worden! Hij hoefde de eerste jaren maar een klein deel van rente en aflossing te betalen en pas later, wanneer zijn inkomen tot grote hoogte zou zijn gestegen, dan, ja pas dan zou de gelukkige koper de normale, volledige rente hoeven te betalen. Het valt voor deze groep te betreuren dat de inkomens twee jaar later begonnen te dalen in plaats van te stijgen.

De huizenspeculatie van 1975-1979 is dus veroorzaakt door ongeremde kredietverlening van kortzichtige bankiers. In wezen is de huizenspeculatie echter op gang gebracht door de instelling die de banken hiertoe in staat had gesteld. Dat was de toezichthoudende instantie die verantwoordelijk was voor handhaving van reële solvabiliteitseisen door het bankwezen: De Nederlandsche Bank.

Dat overkreditering essentieel is voor groei en bloei van een speculatiegolf geldt overigens niet slechts voor de huizenspeculatie in de jaren 1975-1979, maar bij voorbeeld ook voor de tulpenmanie in 1636-1637 en voor de hyacintenspeculatie die een eeuw later door Nederland waarde en voor de speculatie in supertankers in 1972-1973. In feite kan er geen grote speculatiegolf ontstaan wanneer de kredietmogelijkheden ontbreken. Voor een volgroeide speculatiegolf is het namelijk van wezenlijk belang dat mensen zonder geld of inkomen vrijwel ongelimiteerd krediet kunnen krijgen voor aankoop van het speculatieobject. Dit ongewone bancaire verschijnsel duidt op de aanwezigheid van een hysterie op speculatiegebied bij de kredietverschaffers, het sluitstuk van elke speculatiegolf.

Het speculatieobject (het huis) wordt gewoonlijk in

zekerheid gegeven aan de kredietverschaffer (de bank). Deze is er door zijn speculatiehysterie van overtuigd dat de waarde van de zekerheid in de toekomst voldoende zal zijn om zijn vordering te dekken. Doordat de prijzen niet tot in het oneindige kunnen stijgen, komt uiteindelijk aan elke speculatiegolf eens een einde. De terugval in de huizenprijzen trad in 1979 op. De gevolgen waren ingrijpend, zowel voor de kredietverschaffers als voor de kredietnemers. De laatsten hadden veel te dure huizen gekocht. Zij konden deze niet meer verkopen omdat zij er veel minder voor terug zouden krijgen en dan met een grote, ongedekte schuld zouden blijven zitten. Zij zijn daardoor vaak de rest van hun leven gebonden aan hun koophuis.

Vaak konden de mensen niet alleen hun huizen niet meer verkopen, maar ook, omdat de voorgespiegelde inkomensstijging achterwege bleef, konden ze rente en aflossing niet meer betalen. Dit werd vooral duidelijk toen de groei van rente en aflossing zich voordeed.

Wanneer de banken naast de hypothecaire zekerheid ook nog een zogenaamde gemeentegarantie hadden gekregen, hadden ze de gelegenheid tot het maken van extra winsten. Ook de Nederlandse gemeenten waren in de laatste fase van de speculatiegolf meegesleurd en vonden het toen nuttig dat hun inwoners (tegen absurde prijzen) huizen gingen kopen. Wanneer er een gemeentegarantie was gegeven, was het alleen maar prettig voor de bank wanneer de kopers rente en aflossing niet meer konden betalen. De banken veilden de huizen en kochten deze uiterst goedkoop via al dan niet gecamoufleerde dochtermaatschappijtjes op. Het tekort werd door de gemeente aangevuld, die zich immers garant had gesteld.

Dit was de domste en meest asociale afwikkeling die de gemeenten hadden kunnen bedenken. Het zou zowel voor de gemeenten als voor de huiseigenaren veel goedkoper en aangenamer zijn geweest, wanneer de gemeenten gewoon de achterstallige rente en aflossing aan de banken hadden betaald in plaats van de huizen te laten veilen. Doordat de gemeenten de huizen lieten veilen in plaats van hun inwoners een deel van de rente en aflossing voor te schieten, moesten ze nu het gehele bedrag aan hun inwoners voorschieten. Bovendien ontnamen ze hun de kans ooit nog eens een deel van het vermogensverlies op hun koophuis goed te maken door te profiteren van eventuele toekomstige prijsstijgingen. Ook moesten deze mensen, na uit hun huis te zijn gezet, ergens anders woonruimte huren waardoor nog extra huurkosten boven op hun rentedragende schuld aan de gemeente kwamen. De banken voeren er echter wél bij. Een uitgekiende strategie van de gemeenten!

Toch ging er iets mis voor de banken. De prijzen die sinds 1979 al daalden, gingen door de executieveilingen steeds sneller dalen. Ook de waarde van de hypothecaire zekerheden zonder gemeentegaranties werd daardoor aangetast. De grootte van hun hypotheekportefeuille met gemeentegarantie was uiteindelijk niet meer dan 5 a 10% van hun hele woninghypothekenvoorraad. Om die reden werden de executieverkopen gestaakt (dus niet om redenen van menslievendheid).

De prijzen van woonhuizen daalden van 1979 naar 1984 met 30%, voor het gemiddelde verhandelde huis. Voor huizen die te duur waren voor gemeentegarantie, was de daling sterker. Deze kan op 40% worden geschat. Voor de kopers van deze huizen zijn de voorgespiegelde inkomensverbeteringen niet gerealiseerd. Ook voor vrije-beroepsbeoefenaren en voor hogere functionarissen in bedrijfsleven en bij overheid werd het in vele gevallen onmogelijk om rente en aflossing te betalen. Zij waren er echter beter aan toe dan de kopers met gemeentegarantie die op de keien werden gezet en levenslang met een schuld bleven zitten. De banken schoten er geen zier mee op wanneer zij deze huizen zouden veilen. De prijsdalingen in deze groep duurdere huizen was nog sterker dan bij woningen met gemeentegarantie. Bovendien stond hier geen gemeente klaar om de banken steunend en spekkend bij te springen. De bankiers wisten dat bij veilingen van deze groep huizen de mogelijkheid om het geld terug te krijgen alleen maar kleiner werd, als hun cliënt extra huurlasten werden opgelegd. Deze betergesitueerden werden dus niet met een gemeentelijke dolkstoot in de rug verrast.

Het probleem van de banken was dat zij in deze gevallen geen gelegenheid hadden om op frauduleuze wijze zekerheden aan andere schuldeisers te onttrekken, zoals zij bij zakelijke cliënten gewoon waren. Dat was een nieuwe, wat onwennige situatie voor de Nederlandse handelsbanken. De gevolgen van dit manco, gecombineerd met het voor speculatie kenmerkende verschijnsel van sterk dalende waarde van de zekerheden, waren zeer ernstig voor de banken. Wanneer rente en aflossing niet meer geheel betaald werden, moest er op de lening worden afgeboekt. Door afboekingen op woninghypotheken zijn in de jaren 1980-1984 dan ook miljardenverliezen geleden door de banken. Deze miljardenverliezen werden uit de stroppenpot gehaald.

Beseft moet worden dat in 1980 het hypothecair krediet op privé-woningen van alle handelsbanken bij elkaar f 30 miljard was. Wanneer men weet dat de banken hun bedrijfscliënten koel berekenend liquideren wanneer hun vorderingen de meestal reëel geschatte executiewaarde naderen, maar dat anderzijds de hypothecaire zekerheden bij hun particuliere cliënten verre te kort schieten, zal men niet verbaasd zijn over de conclusie dat de Nederlandse banken in 1980-1984 op hun woninghypotheken aanzienlijk meer verlies hebben geleden dan op hun gehele zakelijke kredietverlening.

De verliezen kunnen op bijna het dubbele van die hypotheekbanken worden geschat, dus op ca f 3 miljard.

Men zou zich slechts kunnen verwonderen over de onbekendheid van dit gegeven. Waarom komen banken daar niet eerlijk voor uit, en verdraaien ze de waarheid? Waarom klagen ze voortdurend over hun grote verliezen in de zakelijke kredietverlening en waarom hoor je nooit iets over hun veel grotere verliezen op woninghypotheken? De meest zuivere verklaring is natuurlijk dat zij voordeel van dit gedraai verwachten. Voornamelijk op publicitair front. Het staat wat dommig om zoveel miljarden guldens te verliezen bij het eenvoudige handwerk van hypotheekverlening aan privé-personen en het is moeilijk daarvoor de schuld op een ander te schuiven. Voor verliezen op bedrijfskredieten kan altijd nog de schuld worden geschoven op andere zaken dan het eigen beoordelingsvermogen: tegenvallende economie, hoge loonquote, of nog eenvoudiger, dat de premier Joop heet in plaats van Ruud. Het aanwakkeren van overheidssteun is overigens niet ongebruikelijk in het bancaire milieu.

Het is sinds 1977 mode geworden om reusachtige bedragen, vele miljarden per jaar, overheidssteun aan het bedrijfsleven te geven. Bankiers pikken daar een graantje van mee en maken zich bovendien in hun borrelclub populair door als quasi-objectieve buitenstaander te pleiten voor grotere giften aan hun vrienden en klanten. Het Nederlandse bankwezen is sinds 1975 een relatief zwaar gesubsidieerde bedrijfstak. In dat jaar deed de toenmalige minister van economische zaken, Lubbers, de eerste grote naoorlogse gift aan de banken en wel speciaal aan de Amro. Officieel was dit steun aan Nederhorst, maar omdat de steun pas werd verleend nadat Nederhorst alle zekerheden aan de banken had gegeven wist Lubbers dat de steun direct naar de banken zou vloeien.

Een even vurig aanhanger van het vrije-marktprincipe, minister Van der Stee, volgde nauwelijks een jaar later met ƒ 200 miljoen overheidssteun aan het bankwezen onder het etiketje 'steun aan Koninklijke Scholten Honig'. Zoals we zagen hebben ook de gemeentegaranties op koopwoningen extra winsten voor de banken geschapen.

Wanneer de banken hun onwaarachtige propaganda maar geloofwaardig kunnen presenteren, suggereren zij dat het bedrijfsleven nog steeds enorme overheidssteun nodig heeft. In feite zijn ze schaamteloze bedelaars aan de overheidstroggen. Een grappig verschijnsel hierbij is dat bestuursleden van de banken op borrels en partijen juist de grootste kakel opzetten over de heilzame werking van het vrije-marktmechanisme.

Terug naar de verliezen op woninghypotheken. De ca ƒ 30 miljard hypothecaire vorderingen op woningen in 1980 – in 1984 nog een fractie hoger – worden uiteraard niet meer voldoende gedekt door hypothecaire zekerheden. Daardoor mag de post niet helemaal onder de solvabiliteitseis van 3,33% vallen. Deze lage eis geldt namelijk slechts voor kredieten beneden 70% van de waarde volgens 'recente' taxatie-rapporten. Het zal duidelijk zijn dat de Nederlandse banken niet meer elk jaar een 'recente' taxatie laten opmaken. Het krediet boven 70% van de werkelijk recente waarde moet dus eigenlijk aan de 9%-solvabiliteitseis voldoen. Dat zal zeker op een derde van het krediet betrekking hebben. Daardoor wordt de solvabiliteitseis ƒ 600 miljoen hoger. Helaas, deze solvabiliteit is niet aanwezig bij het Nederlandse bankwezen.

8 De Falende Toezichthouder (hypotheekwezen)

De algemene banken leenden, zoals gezegd, flink aan de hypotheekbanken. Daar was immers toch geen eigen vermogen voor nodig. Bij de ondergang van de Tilburgsche Hypotheekbank, op 1 juli 1982, bleek dat de banken daar behoorlijk aan hadden geleend. Hieruit kwam geen buitengewoon inzicht in de solvabiliteit van de cliënt naar voren. De Amro had ƒ 20 miljoen aan de Tilburgsche Hypotheekbank geleend, De Nederlandsche Credietbank ƒ 10 miljoen, de ABN ƒ 10 miljoen, Slavenburg's Bank ƒ 8 miljoen en de Nederlandse Middenstandsbank ƒ 1 miljoen. De algemene banken, inclusief enkele kleinere, hadden in totaal ƒ 53 miljoen aan de Tilburgsche geleend. Dat was 7% van wat de Tilburgsche in totaal had geleend. Het is niet onaannemelijk dat de banken een zelfde of hoger percentage aan de beide andere hypotheekbanken, de Friesch-Groningsche en de Westland-Utrechtse, geleend hebben. Als zij hetzelfde percentage geleend hebben komt dat neer op ƒ 1,5 miljard. De algemene banken onderhielden met deze beide banken nauwere relaties dan met de Tilburgsche en zullen relatief eerder meer dan minder aan de beide laatste geleend hebben. In dit verband moet de post 'overige financiële instellingen' uit het jaarverslag van De Nederlandsche Bank genoemd worden, waaronder ook leningen van algemene banken aan hypotheekbanken vallen. Deze post steeg van ƒ 1,7 miljard in 1975 naar ƒ 6,3 miljard in 1980.

Hieruit mag afgeleid worden dat de leningen aan hypotheekbanken inderdaad krachtig zijn gestegen. De algemene banken zouden niet alleen ernstige reputatieschade opgelopen hebben wanneer in de tweede helft 1982, kort na de ondergang van de Tilburgsche, de twee andere zelfstandige grote hypotheekbanken tenonder zouden zijn gegaan, maar zij zouden bovendien een strop van enkele honderden miljoenen hebben geleden. En dat allemaal vlak nadat eind 1981 hun geheime stroppenpot leeggeraakt was.

Toch was dat wat in de tweede helft 1982 stond te gebeuren. De beide grote hypotheekbanken leefden nog slechts bij de gratie van het feit dat pandbriefhouders hun gelden niet direct konden opeisen. Het faillissement van deze beide hypotheekbanken kon niet worden tegengehouden door de algemene banken zelf. Het probleem van de beide grote hypotheekbanken en hun schuldeisers, de algemene banken, zou door anderen moeten worden opgelost. Goede raad leek duur, maar bleek goedkoop. Een beetje te goedkoop zelfs, zou men haast zeggen.

Er waren in Nederland grotere geldpotten aanwezig dan de marginale eigen vermogens waarover de algemene banken beschikten. Wat dacht u bij voorbeeld van de ƒ 100 miljard van het Algemeen Burgerlijk Pensioenfonds (ABP)? Konden de hypotheekbanken daar niet aan komen? Zou het via de directeur beleggingen, de heer Masson, niet te regelen zijn dat het ABP een flinke hoeveelheid geld in de Westland-Utrechtse of de Friesch-Groningsche zou pompen? Nee, hij mocht dan weliswaar van het aannemen van steekpenningen verdacht worden, maar dat hij honderden miljoenen guldens die aan pensioentrekkende ambtenaren toebehoorden integraal zou willen weggooien leek al te dol. Het ABP had had namelijk ook een beleggingsraad, die goedkeuring moest geven aan grote beleggingen en aankopen van het ABP. Die zou voor dat soort grapjes ongetwijfeld een stokje steken. Of niet? Misschien zou het mogelijk zijn via de beleggingsraad zèlf de ontbrekende gelden in de Westland-Utrechtse en de Friesch-Groningsche te laten stromen. Dan moest de beleggingsraad natuurlijk wel uit serieuze lieden bestaan, want als er een paar onbetrouwbare lieden (koppelbazen en dergelijke) inzaten, die dan ook nog akkoord zouden gaan met het onttrekken van honderden miljoenen guldens aan de pensioengerechtigden, dan zou dat al te verdacht zijn. De samenstelling was zéér serieus te noemen. Allereerst was daar de voorzitter van de Centrale Beleggingsraad mr. E.A. Brouwer. Hij was tevens commissaris van de Westland-Utrecht Hypotheekbank en had dus groot belang bij de steun aan de WUH (hij hield bij de beraadslaging over het agendapunt steun aan de Westland-Utrecht Hypotheekbank bescheiden zijn mond dicht).

Vervolgens de tweede groep belanghebbenden: mr. H.J. Muller, directeur van De Nederlandsche Bank en bij uitstek de figuur on de gevolgen van zijn falende toezicht op ambtenaren af te wentelen. Vervolgens mr. B.A.J.M. Hellenberg Hubar, eveneens directeur van De Nederlandsche Bank. Daarna kwam de volgende groep belanghebbenden: mr. R.J. Nelissen, lid van de Raad van Bestuur van de Amro-bank (oud Amro-directeur prof. dr. C.F. Karsten was commissaris bij de WUH geweest). De Amro-bank zou er wel bij varen wanneer ABP-gelden naar de feitelijke failliete hypotheekbank zouden vloeien, geen dwarsligger dus. Vervolgens J.J. Grouls, lid van de Raad van Bestuur van de Nederlandse Middenstandsbank. Ook de NMB had belang bij een ordentelijke afwikkeling van de complexe problematiek, geen dwarsligger dus. Dan zien we als lid van de beleggingsraad ir. P.J. Lardinois, lid van de Raad van Bestuur van de Rabo-bank, hetzelfde laken een pak. Er zat ook een burgemeester in de beleggingsraad. In dit geval drs. J.P.A. Gruijters van Lelystad. Dit was de samenstelling van de beleggingsraad eind 1982.

Elk van de leden heeft een plaatsvervanger die moet optreden wanneer iemand een tegengesteld belang heeft. Wie verving mr. Brouwer? Niemand! Wie verving de directeuren van De Falende Toezichthouder Muller en Hellenberg Hubar? Niemand! Wie zou het ook moeten doen? Hun plaatsvervangers waren dr. A.H.E.M. Wellink

77

en drs. J. Sillem, directeur en onderdirecteur van De Nederlandsche Bank. Ook geen der andere leden heeft zich laten vervangen toen de Westland-Utrecht op het paard moest worden geholpen. In praktijk laten leden van de beleggingsraad met tegengestelde belangen zich niet vervangen.

Ook uitstel van behandeling van het agendapunt had geen oplossing kunnen bieden. Twee jaar later was Lardinois van de Rabo-bank opgevolgd door F.H.J. Boons van de Rabo-bank, was Grouls van de Middenstandsbank opgevolgd door drs. J.E.G. van de Boor van de Middenstandsbank, was Nelissen van de Amro-bank opgevolgd door mr. O. Vogelensang van de Amro-bank, was mr. R. Hazelhoff, sinds kort voorzitter van de Raad van Bestuur van de ABN, toegetreden en was de afvaardiging van De Nederlandsche Bank op peil gebleven. Wanneer de banken straks wederom hun problemen niet zelf kunnen oplossen ligt de oplossing nog even dichtbij als in 1982.

De beleggingsraad voldeed aan alle normen. Dat zes van de zeven heren essentiële belangen hadden die krachtig tegengesteld waren aan die van het ABP was blijkbaar geen bezwaar. De afloop is bekend. Het ABP stopte honderden miljoenen in de Westland-Utrechtse, via aandelen en achtergestelde leningen. En vervolgens kocht het ABP voor anderhalf keer de normale prijs Hoog-Catharijne, een zeer groot project van de Friesch-Groningsche.

Minder bekend is dat de beschreven beleggingsraad ook bij de Rijkspostspaarbank als adviseur actief is. De Friesch-Groningsche klaagde in haar jaarverslag van 1982 over het door de Tilburgsche aangetaste imago van de hypotheekbanken, de hoge rente, de dalende huizenprijzen, de dubieuze debiteuren, de slechte economie, kortom een tamelijk uitgebreide klachtenlijst sierde het directieverslag. Geen klacht uiteraard over eigen incompetentie, integendeel: men was bijzonder content met zichzelf! Men had een oplossing bereikt voor de problemen. Deze hield het volgende in. In november 1982 was met de RPS overeengekomen dat deze in totaal ƒ 135 miljoen aan achtergestelde leningen zou verstrekken en ƒ 6 miljoen aandelenkapitaal(dit laatste is enige tijd later nog stevig uitgebreid). Van even groot belang was echter dat de Friesch-Groningsche een van haar grootste projecten, Hoog-Catharijne, voor anderhalf maal de werkelijke waarde aan het ABP had weten te verkopen.

De Nederlandsche Bank begon bij het 'toezicht' in 1979 met het verlenen van toestemming aan de hypotheekbanken voor het geven van tweede, derde en andere tophypotheken. Door hun vorige toezichthouder, de Nederlandse Vereniging van Hypotheekbanken, was dat verboden. Doordat de hypotheekbanken een vol jaar, 1979, niet onder toezicht gestaan hadden en daarna aardige tophypotheekjes mochten geven, was een stevige basis voor financiële uitholling van het hypotheekwezen gelegd. De drie hypotheekbanken zijn in belangrijke mate in de problemen gekomen door het geven van tophypotheken in de hausse-tijd. Het faillissement van de twee hypotheekbanken is ondanks het falend toezicht afgewenteld. Jammer voor de ambtenaren dat de problemen van het Nederlandse bankwezen met hun pensioenpremies zijn opgelost.

In hoofdstuk 6 is de Collectieve Garantieregeling reeds ter sprake gekomen. In dat hoofdstuk bleek dat de pandbriefhouders, kleine schuldeisers voor wie de wetgever de garantieregeling bedoeld had, bij de afwikkeling van het faillissement van de Tilburgsche benadeeld werden.

Het Uitvoerend Orgaan had aan de grote schuldeisers, die hun vorderingen op naam hadden vastgelegd, bij elkaar ongeveer ƒ 2,5 miljoen uitgekeerd. Elk pensioenfonds en elke bank die aan de THB had geleend had ƒ 30 000 gekregen. Pandbriefhouders kregen niets omdat zij anonieme stukken en geen vordering op naam hadden. Het op naam stellen van pandbrieven was bij de THB onmogelijk. De Nederlandsche Bank had het niet noodzakelijk gevonden op deze mogelijkheid toe te zien. Dat kwam de deelnemers aan de garantieregeling, de banken, overigens goed van pas, want anders hadden deze vele miljoenen guldens meer moeten uitkeren. Tijdens de vergadering van schuldeisers van de THB op 2 mei 1984 wilde De Nederlandsche Bank de ƒ 2,5 miljoen graag op de boedel verhalen.

SOBI en Jan Brink van het effectenkantoor Keijser & Co weigerden akkoord te gaan met de vordering van De Nederlandsche Bank. SOBI betoogde dat De Nederlandsche Bank geen vordering had op de THB en dat de boedel bovendien een grotere tegenvordering op De Nederlandsche Bank had wegens schade door falend toezicht. De aanwezige advocaat van De Nederlandsche Bank, mr. C.Ch. Mout, stelde dat de Nederlandse bankiersvereniging een garantieregeling had. Omtrent de rol van De Nederlandsche Bank had hij een bescheiden opvatting: 'De Nederlandsche Bank is daarbij niets anders dan een postbus ...' De stelling dat De Nederlandsche Bank gefaald heeft bij het toezicht is sindsdien mede ondersteund door een tabel die Brink op 14 augustus 1984 uit de kwartaalstaten van de Tilburgsche heeft samengesteld (zie tabel 13). Hieruit kan afgeleid worden dat reeds begin 1980 een solvabiliteitstekort aanwezig was dat tot in het eerste kwartaal 1981 gemaskeerd is geweest.

Solvabiliteitstekorten bij hypotheekbanken werden in 1982 gebruikelijk, zoals in oktober 1983 uit het antwoord van minister Ruding op kamervragen bleek (zie tabel 6). De Nederlandsche Bank stelde ondanks het afwijzend standpunt van SOBI kennelijk toch prijs op de ƒ 2,5 miljoen en startte een proces tegen SOBI en Brink. Op 9 maart 1985 deed de rechtbank Breda uitspraak: vordering afgewezen. De Nederlandsche Bank tekende hoger beroep aan. De pleidooien in dit hoger beroep werden op 9 oktober 1985 voor het Gerechtshof te s'-Hertogenbosch gehouden (uitspraak 20 november 1985).

9 Gevolgen van mismanagement: banken in het nauw

Een bank die het echt moeilijk heeft klaagt niet, had het bankiersblad *Bank- en Effectenbedrijf* haar lezers voorgehouden in een hoofdredactioneel commentaar in het dubbeldikke zomernummer van 1985. 'Allesbepalend voor een bank is het vertrouwen van het publiek. Een bank die aantasting van het vertrouwen vreest uit zich optimistisch, een die het redelijk goed gaat stelt zich sober, zo niet somber op.'

De driehonderd bankiers en verzekeraars die zich ter gelegenheid van de jaarlijkse bankiersdag in de zaal van de Amsterdamse RAI hadden gezet, hoorden dan ook genietend toe hoe drs. H.H.F. Wijffels, plaatsvervangend voorzitter van de Rabo-bank, in sobere bewoordingen een 'ernstige bedreiging van de rol van de banken' en zelfs de 'algehele ondergang van ons financiële bestel' voorspelde. Zo te horen had het Nederlandse bankwezen weer een paar beste jaren voor de boeg.

Het is de vraag of *Bank- en Effectenbedrijf* de ziel van haar abonnees goed heeft doorgrond, toen ze het over ten onrechte klagende bankiers had. Het zou ook kunnen dat bankiers zich in het algemeen meer gedragen zoals Arthur Koestlers vader, uitvinder en fabrikant van destijds goed in de smaak vallende radioactieve zeep: 'Overweldigend, ongelooflijk, grandioos waren zijn geliefde uitdrukkingen. Als de zaken kolossaal gingen betekende dat in zijn woorden: redelijk. Ging het alleen maar geweldig, dan stonden we aan de rand van een bankroet.'

Dat laatste is waarschijnlijk toepasselijker, want de Nederlandse bankier zit in de knel. Zijn eerste zorg is: waar haal ik geld vandaan? Zijn tweede: als ik het heb, waar laat ik het? Oppervlakkig gezien doen dit soort bancaire tobberijen wat gekunsteld aan, want waarom zou iemand zich het hoofd breken over de vraag waar hij geld vandaan haalt als hij niet weet wat hij ermee moet doen. Maar bij nadere beschouwing wijkt de handel in geld niet wezenlijk af van de handel in wat dan ook. De ondernemer wil van zijn produkt liefst zoveel mogelijk aan de man brengen en behalve afnemers heeft hij daar ook leveranciers voor nodig.

Het gebeurt niet vaak dat ondernemingen hun leveranciers en hun afnemers tegelijkertijd verliezen, maar dit lijkt de banken nu toch te overkomen. Uitlatingen als 'ernstige bedreigingen' en 'algehele ontwrichting' zijn dan ook waarschijnlijk onderkoeld. Ze steken in elk geval scherp af bij de montere doodsverachting die bankiers in het algemeen aan de dag leggen.

Wat is er aan de hand? Doordat banken de bedrijven lieten vollopen met krediet en in ruil daarvoor hun hele hebben en houden in onderpand namen, bleven leveranciers van elk faillerend bedrijf met stapels onbetaalde rekeningen zitten. Als ze contante betaling hadden geëist hadden ze geen schade geleden, maar contante betaling is in het bedrijfsleven nu eenmaal niet gebruikelijk. Bijna alles gaat op de pof.

Als de leveranciers hun spullen uit de failliete boedel hadden kunnen terughalen, zoals in West-Duitsland wél mogelijk is, was de schade nog wel meegevallen. Maar helaas: in Nederland kan dat nauwelijks. Bij een faillissement worden de onbetaald gebleven goederen van de leveranciers verkocht en de banken steken de opbrengst in hun zak. De voorrangspositie van de banken strekt zich in Nederland uit tot de goederen van de leveranciers – een zonderlinge situatie, die in veel andere Europese landen niet voorkomt.

Nederlandse leveranciers lijden in elk faillissement een driedubbele strop. Ze verliezen afzet en ze lijden verlies omdat hun rekeningen niet worden betaald. Bovendien

82

worden ze beconcurreerd met hun eigen produkten, die in onderpand waren gegeven aan de banken en die nu ver beneden de nieuwprijs bij executies op de markt worden gebracht. Hoe meer faillissementen, hoe lager natuurlijk de opbrengst van al die goederen.

De overlevende bedrijven merken die gang van zaken natuurlijk in hun omzet. Veel van wat voor een prik uit failliete boedels wordt gehaald, wordt niet als nieuw produkt gekocht. De effecten hebben elkaar de afgelopen jaren versterkt.

Ook bij de banken sneed het mes aan twee kanten. Ze leden wat verliezen – niet veel want het leeuwedeel van de schade wentelden ze af op de bedrijven. Maar daarnaast verloren ze talloze klanten. Als het gemiddelde bedrijf twee banken heeft (sommige hebben er maar één, andere houden er een stuk of dertig op na), dan hebben de gezamenlijke Nederlandse banken tussen 1980 en eind 1984 ruim vijftigduizend klanten verloren – voor een belangrijk deel door eigen toedoen.

Want er zijn zevenentwintigduizend bedrijven failliet gegaan.

Dat het aantal faillissementen weer afneemt betekent nog niet dat de banken van hun afzetproblemen zijn verlost. Bedrijven die de 'kredietvloed' hebben overleefd zijn de schrik voorlopig niet te boven. Ze kijken wel uit zich opnieuw in de schulden te steken. Degenen die geld nodig hebben en weer winst kunnen tonen stappen liever naar de aandeelhouder toe dan naar de bank. De aandeelhouder is heel wat gemoedelijker. Die hoeft geen onderpanden in ruil voor zijn geld en ook geen rente. Hij wil wat van de winst, maar als er geen winst is wordt de aandeelhouder kalmweg 'gepasseerd', zoals dat beleefd heet. Volgend jaar een nieuwe kans.

Een tweede tegenvaller die de banken op het ogenblik hebben, is dat multinationals en pensioenfondsen het hoe langer hoe leuker beginnen te vinden van elkaar te lenen. Naar hartelust voorzien ze elkaar en andere bedrijven van geld en slaan daarbij de bank over. Geld uitlenen is een koud kunstje, provisie en rente kunnen we ook zelf opstrijken, denken de multinationals. Deze markt van kredieten van bedrijf tot bedrijf is gloednieuw, hij heeft zelfs nog geen naam. Ook de omvang van het verschijnsel is nog niet bekend maar bankiers klagen er dagelijks over. De Amerikaanse Citibank, een van de grootste ter wereld, verwacht zelfs 'het einde van het traditionele bankbedrijf'.

Alsof dat niet voldoende is om een goed humeur te bederven, 'verdunnen' ook nog eens de marges, zoals bankiers het zelf noemen. Het verschil tussen de rente die banken betalen en de rente die ze anderen in rekening brengen is voor banken hoofdinkomst. Wat er met die marges gebeurt is dus van vitaal belang. Op het ogenblik verkleinen ze sterk, onder druk van toenemende concurrentie. Het dunst zijn ze geworden in een markt die zich juist sterk uitbreidt: de off-shore valutamarkt. 'Off-shore' is niets anders dan 'buitenlands'. Een dollar is off-shore in Europa en een gulden is het al in bij voorbeeld België.

Wat banken zo leuk vinden aan off-shore geld is dat er weinig toezicht op wordt gehouden. Allerlei voorschriften en bevelen van de toezichthoudende instellingen zijn op deze markt niet van toepassing. Wat er omgaat in exotische oorden als de Kaaiman-eilanden, Panama, Curaçao en de Britse Virgin Islands, daar hebben centrale banken weinig weet van. Dat geldt voor dochters van Nederlandse banken, maar ook voor die van hun buitenlandse collega's.

Zo wordt het zicht op de toestand waarin banken verkeren steeds onscherper. Het ongecontroleerde deel van de markt kent geen strenge toezichthouders, die banken verplichten buffers en reserves aan te houden voor stroppen en tegenvallers. Tegelijkertijd is de concurrentie op dit 'vrije' stuk markt sterker dan elders. Op de off-shore markt komen de marges voor de bank vaak niet boven een half procent uit. Veel buffer valt daar niet van te maken.

Voor bedrijven die geld lenen op deze markt is dat geen ramp. Zij zijn van het kapitaalkrachtige soort. Maar voor de kredieten aan overheden zouden buffers geen overbodige luxe zijn. Mexico, Brazilië, Algerije, Argentinië en andere schuldenlanden staan bij de banken voor miljarden in het krijt op de off-shore markt. De centrale banken zoeken al jarenlang naar mogelijkheden om de off-shore markt onder controle te krijgen maar tot nu toe zijn ze daarin niet geslaagd.

Met de teruglopende clientèle en de kleiner wordende marges is alle narigheid nog niet verteld. Banken werken, zoals bekend, met geld dat anderen brengen – dat lenen ze dan door. Het klinkt als een betrekkelijk ontspannen manier van inkomen genereren en dat is het ook, maar dan moet de spaarder wel geld blijven brengen. De afgelopen jaren deed hij dat steeds minder trouw, in 1983 begrootte het Centraal Bureau voor de Statistiek het negatieve spaarverschil nauwkeurig op 4,5 miljard gulden.

De algemene banken zoals ABN, Middenstandsbank en Amro, hadden het 't zwaarst. Daar werd bijna twee miljard gulden meer gehaald dan gebracht. Bij de RPS (Rijkspostspaarbank) en de spaarbanken viel het allemaal nog wel mee, maar het baliepersoneel van de Rabo moest wel even slikken, toen de gezamenlijke spaarders ƒ 1,7 miljard wilden meenemen. De Rabo werd kennelijk (ten onrechte) door het publiek met dezelfde ogen bekeken als zijn collega's.

Bankiers van algemene banken beweren dat het publiek de afgelopen jaren veel spaargeld heeft weggehaald omdat het de spaarvormen van de verzekeraars – lijfrentepolissen en dergelijke – interessanter vond. Waar ze over zwegen was dat de spaarders óók veel minder hard wegliepen bij de

RPS en de gewone spaarbanken. Dat was des te opvallender als werd gelet op de rente die de banken in vergelijking met spaarbanken en RPS hebben geboden. Die lag namelijk sinds juli 1982 hoger dan die van RPS en de spaarbanken.

Hoewel de spaarder bij de handelsbanken meer rente kreeg, trok hij dus toch meer spaargeld terug dan bij de concurrentie. Kennelijk vindt de Nederlander de banken sinds juli 1982 niet de aangewezen plaats voor zijn spaargeld. Waarom? De spannende verhalen over Polen, Mexico, Brazilië en andere schuldenlanden zullen er wel mee te maken hebben gehad. Bovendien leek de Nederlandse kredietverlener opeens niet zo degelijk meer, toen de Tilburgsche Hypotheekbank over de kop ging, Slavenburg's Bank werd opgerold, de Credietbank wankelde, een oud-directielid van de Amsterdam American Bank met de kas afreisde en de redactie van de *Nieuwe Revu* alle grote banken een koffer met zwart geld liet aanpakken.

Voor banken is het teruglopen van goedkoop spaargeld een rampzalige ontwikkeling. Als ze dat niet hebben kunnen ze straks niet meekomen in de concurrentie met bankierende bedrijven en pensioenfondsen. Hun ongenoegen richt zich vooral op de pensioenfondsen en grote levensverzekeraars. Al jarenlang zien bankiers gelaten toe hoe het Nederlandse streven naar een onbekommerde oude dag in klinkende munt neerstort bij de concurrentie. Tweederde deel van de Nederlandse besparingen komt terecht bij verzekeraars en pensioenfondsen. Het heeft voor banken niet de minste zin daarmee te concurreren. Het leeuwedeel van die besparingen ligt voor tien jaar of nog langer vast.

Behalve over hun eigen diagnose – ondergang van het financiële bestel – hebben de banken ook over die van de concurrentie nagedacht. De verzekeraars lijden, zoals Rabo-directeur Wijffels het op de bankiersdag verwoordde, aan een Ongewenste Concentratie van Middelen. Anders gezegd: ze komen om in het geld. De bankier liet er geen twijfel over bestaan of dit was een ernstige, om niet te zeggen fatale, kwaal. Alleen de concurrentie – de banken – kon hen daarvan afhelpen.

Het recept luidt dat banken de pensioengelden kunnen gaan beheren. Op die manier verdienen ze misschien nét genoeg om weer iets te kunnen lenen aan het bedrijfsleven. Op een andere manier zullen de bedrijven nooit aan geld komen om te investeren. De Nederlandse industrie zal verouderen, het volk verpauperen, het zal hier nog een tweede Engeland worden. Iedereen weet immers dat pensioenfondsen en verzekeraars altijd op veilig spelen en dat geen haar op hun hoofd eraan denkt eens een Risico te lopen. De kredietverlening aan het bedrijfsleven, menen de bankiers in koor, is niets voor de beleggers.

'Hun streven naar zekerheid verhoudt zich niet met de voorwaarden die aan een gezonde economische ontwikkeling gesteld kunnen worden,' zei de Rabo-directeur, in het vuur van zijn betoog de tienduizenden faillissementen die het gevolg waren geweest van het zekerheidsstreven van de banken een kort moment uit het oog verliezend. Plechtig voegde hij eraan toe: 'Niet de gedragslijn van een rentenier leidt naar de beste toekomst, maar die van een ondernemer. Het nemen van risico maakt daarvan onafscheidelijk deel uit.' Voor alle duidelijkheid wezen de banken hun concurrenten er nog eens op dat de kredietverlening aan het bedrijfsleven bepaald geen risicoloze bezigheid was, dus écht niks voor de institutionelen. De afgelopen jaren moesten de banken er 'miljarden' voor opzij leggen.

De verzekeraars hadden een krachtige repliek. Drs. J.F.M. Peters, hoofddirecteur van de op één na grootste verzekeringsmaatschappij Aegon, liet weten dat de institutionelen lang niet zo risicomijdend zijn als de heren bankiers schijnen te denken. 'Integendeel,' zei Peters, 'wij zijn gek op risico's. Wie dat niet gelooft kijkt maar eens naar de reusachtige pakketten bankaandelen, die wij in portefeuille hebben.' En als de heren bang waren dat ze te weinig geld hadden, voegde hij er gastvrij aan toe, 'dan waren ze van harte welkom in de geldwinkel van de verzekeraars, waar het assortiment breed is en de klant nog koning'.

De bankiers hoorden het geschokt aan. Daar bleken de institutionelen opeens te beschikken over iets dat wel een monopolie leek: Ze kunnen zelf de prijs bepalen voor de grondstof (geld) die ze hun concurrenten (de banken) in rekening brengen. En dát banken en verzekeraars elkaars concurrenten worden in de kredietverlening aan bedrijven, daarover laten Peters en de zijnen geen twijfel bestaan. 'Dit voorspelt weinig goed voor de prijs,' voelde de directeur-generaal van de ABN al aankomen.

10 Vier inventies en een herengeheim

De banken staan er beroerd voor. Eerst hebben ze zelf in een paar jaar tijd tienduizenden klanten de nek omgedraaid. Nu dat achter de rug is komen pensioenfondsen en verzekeraars vertellen dat ze gaan concurreren en op de koop toe wordt de spaarder kieskeuriger. Dan vallen de inkomsten terug doordat de marges verkrappen en tegelijkertijd nemen de risico's juist toe. Multinationals beginnen zelf bank te spelen en tenslotte stappen bedrijven die geld nodig hebben liever naar de aandeelhouder dan naar de bank. Dit zou al veel zijn voor generaties bankiers, maar het komt allemaal ineens.

Na lang nadenken hebben de bankiers een paar oplossingen bedacht. Ze zijn niet allemaal even innovatief, eigenlijk heeft alleen de directeur-generaal van de ABN iets waarlijk origineels bedacht, maar een half ei is beter dan een lege dop.

Eerste Inventie: een flinke stapel staatsleningen verkopen die de banken – in hun streven naar risico's dat zo onafscheidelijk zou zijn verbonden met een gezonde economische ontwikkeling – de afgelopen jaren zo royaal hebben ingekocht. Om aan geld te komen zouden ze zich van deze flappen kunnen ontdoen. Helaas doet zich hierbij in de praktijk een probleem voor. Wie moet die staatsleningen kopen?

Wie weet doet de spaarder dat wel. Die haalt er dan zijn spaargeld voor van de bank. Zo laat hij het geld een interessante cirkelgang maken. Het geld dat de banken denken binnen te krijgen als ze staatsleningen verkopen is eerst bij hen weggehaald. Op die manier raken banken niet alleen hun staatsleningen kwijt, maar ook hun goedkope spaargelden. Daar wordt een bank normaal gesproken niet wijzer van. Integendeel: zijn balans wordt korter. En dat is naar, want bankiers meten elkaar aan de lengte van hun balansen. Hoe langer-ie is, hoe hoger de status.

Tweede Inventie: overheidsingrijpen. Het streven naar risico's, dat zo onafscheidelijk met een gezonde ontwikkeling is verbonden, laat zich namelijk heel aardig combineren met een ietwat centraal geleide economie. Die gedachte vind je in Nederland wel meer bij de voorstanders van 'free enterprise' en een vrije werking van het marktmechanisme.

De overheid, zo luidt het dringende advies, moet het streven naar zekerheid van de burgers afremmen. Dan zal de gemiddelde Nederlander minder geld naar oudedags- en andere verzekeraars brengen, en meer naar de bank. Wel is dan vijftig jaar vakbondswerk voor niets geweest, maar nood breekt wet. Als de pensioenbetalingen wat minder verplicht zijn, als de werknemer wat vaker zélf mag bepalen hoeveel geld hij ervoor opzij wil leggen, dan zal hij zeker minder reserveren voor zijn oude dag.

Dat deze veronderstelling in grote lijnen klopt is te zien in de Verenigde Staten, waar de bejaarde die in zijn jeugd zelf over zijn pensioen heeft mogen beslissen thans overeind wordt gehouden met kattebrokken en voedselbonnen. Toch blijft het de vraag of Nederlanders die minder voor hun pensioen reserveren, het surplus naar de bank zullen brengen. Misschien gaan ze er liever mee naar instellingen die hoger scoren in de gunst van de spaarder. Bij voorbeeld naar pensioenfondsen en andere verzekeraars. Dan zijn de banken even ver van huis.

Derde Inventie: gokken met pensioengelden. Als het eigen produkt bij de koper uit de gratie raakt, verzet een alerte fabrikant de bakens. Voorstanders spreken hier van 'diversificatie', tegenstanders hebben het liever over 'branchevervaging'. De bank heeft voor zijn branchevervreemdende diversificaties een welwillend oog laten vallen op het produkt van de concurrentie. Hij wil de pensioenfondsen gaan beheren. Zo komt er weer wat spaargeld in huis. Toegang tot de aantrekkelijke markt van goedkoop spaargeld van de verzekeraars hopen banken te krijgen door de produkten van verzekeraars te gaan verkopen. Ze willen pensioenverzekeraar worden.

Een klein deel van de pensioenbesparingen (de premies voor sterfterisico's) mogen de verzekeraars houden, hebben de banken aangeboden. Banken kunnen de pensioengelden gaan gebruiken voor leningen aan het bedrijfsleven. En aan Brazilië, Polen, Argentinië, de Filipijnen en Zuid-Afrika. Zo krijgen die landen en bedrijven tenminste nog eens een krediet – verzekeraars zouden er anders geen geld in steken.

Verzekeraars juichen niet. Niet-verzekeraars evenmin. Er bestaat een wet die verstrengeling tussen banken en verzekeraars verbiedt. Die wet is er niet voor niets. Hij werd ooit gemaakt omdat de Nederlandse overheid het onwenselijk vond dat twee financiële grootmachten op een of andere manier zouden samenvloeien. De opeenhoping van zoveel macht moet wel tot ontwrichting van financiële markten leiden, dacht de overheid destijds. Monopolies zijn altijd in het nadeel van de klant, redeneerde zij, ook geldmonopolies.

De Nederlandsche Bank schrijft dan ook in haar jaarverslag 1981: 'Het ten aanzien van bank- en verzekeringswezen te voeren beleid is erop gericht verstrengeling van beide sectoren tegen te gaan.' En:

'Nieuwe deelnemingen van banken in verzekeringsmaatschappijen (of uitbreiding van haar verzekeringsactiviteiten) worden, conform de onder het eerste punt genoemde algemene beleidslijn, niet toegestaan.' Ja zelfs 'activering van slapende deelnemingen' wordt niet toegelaten.

Wie deze krachtige passages leest en ziet in welke ferme woorden de centrale bank het land behoedt voor de ver-

91

strengeling van macht en invloed, houdt serieus rekening met de mogelijkheid dat hier sprake is van een beleidsvisie. Dat is een vergissing. Het is een momentopname van de toevallige gemoedstoestand waarin De Nederlandsche Bank verkeerde bij het schrijven van haar jaarverslag.

In 1983, wanneer het gevaar van een vergaande verstrengeling werkelijk aan de orde is en de Bank kan laten zien wat haar visie waard is, buigt zij mee als het riet in de wind. In het jaarverslag 1983 staat: 'Doorbreking van de gemaakte afspraken ten aanzien van het beleid voor bank- en verzekeringswezen, zal niet bij voorbaat tot de onmogelijkheden behoren.'

Het beleid dat financiële verstrengeling wil tegengaan heet het Structuurbeleid. Het verbiedt verzekeraars en banken meer dan vijf procent van elkaars aandelen in handen te hebben. Maar papier is papier. In de praktijk wordt met dit anti-kartelbeleid al een tijdlang de hand gelicht. Het is meer een herenakkoord geworden. Fusies tussen grote verzekeringsmaatschappijen hebben pakketten bankaandelen in één hand gebracht die aanzienlijk groter zijn dan de toegestane vijf procent. Hoe groot is niet bekend. Wat van wie is en waarom, moet de Nederlander dus noodgedwongen overlaten aan Mensen met Verstand van Zaken.

Banken zijn niet verplicht hun deelnemingen in verzekeringsmaatschappijen bekend te maken. Verzekeringsmaatschappijen zijn niet verplicht hun deelnemingen in banken bekend te maken. Dus is er niets bekend. Hoe groot die ongewenste verstrengeling tussen banken en verzekeraars intussen is, is voor de gewone sterveling niet te volgen. Hij kan een maand vakantie nemen om de aandelen van banken in verzekeraars en omgekeerd uit de *Staatscourant* proberen te turven. Maar na die maand is hij niet klaar en hij zal dus niet weten of zijn lijstje compleet is.

Er bestaan in heel Nederland maar twee complete lijstjes. Het ene ligt onder het hoofdkussen van de president van De Nederlandsche Bank, dr. W. F. Duisenberg. Het andere ligt onder de matras van de directeur van de Verzekeringskamer, dr. C. de Galan. Geen van beide heren socialisten wil laten zien wat erop staat. Het Structuurbeleid is dus eigenlijk noch beleid, noch een herenakkoord. Het is een socialistische-herengeheim.

Er werd op het herengeheim ook al eens een officiële uitzondering gemaakt. Dat was toen in 1980 het hypotheekwezen dreigde in te storten. Toen De Nederlandsche Bank dat omstreeks 1982 besefte, zat er weinig anders op dan degenen die het voornemen hadden een hypotheekbank op te kopen op het Frederiksplein te onthalen op jenever en sigaren.

Achtereenvolgens waren te gast: een aantal grote verzekeraars voor een gecompliceerd geval, Nationale Nederlanden, het ABP en de Rijkspostspaarbank. Op de eerste bijeenkomst werd de Tilburgsche Hypotheekbank te koop aangeboden, hetgeen mislukte. Op de tweede bijeenkomst werd de Rijkspostspaarbank aandeelhouder van de Friesch-Groningsche en op de derde namen het ABP en Nationale Nederlanden de Westland-Utrecht Hypotheekbank mee. Daarna konden de Frederikspleinswingers naar huis, de bar sloot. Het zelfstandige hypotheekbankwezen was opgeheven.

Wie weet zullen de mannenbroeders nog één feestelijk glas heffen, ter definitieve verzegeling van het herengeheim. Het wordt namelijk opgeheven. Minister Ruding heeft in september 1985 een 'gespreksnotitie' geschreven, waarin staat dat verzekeringsmaatschappijen in de toekomst kleine bankjes mogen overnemen en banken kleine verzekeringsmaatschappijtjes. In een poging nog iets te redden van wat ooit een zinvolle financiële anti-kartelwet was, voegde de minister er aan toe: 'De versoepeling zal alleen gelden voor de kleintjes. Grote banken en grote ver-

93

zekeringsmaatschappijen moeten gescheiden blijven.'

Hij gaf niet aan wat 'groot' is en wat 'klein'. Misschien is groot of klein wel een kwestie van smaak, zodat er niet over te twisten valt. Niet dat het in de praktijk veel uitmaakt. Het Structuurbeleid was al een papieren tijger, nu is het een lachende papieren tijger. Wetten waaraan niemand zich hoeft te houden zijn goed voor de operatie deregulering, daar hebben we niets aan.

Wat als bij voorbeeld Aegon morgen de Middenstandsbank wil kopen? Het is mogelijk dat Ruding de NMB nog wel een grote bank wil vinden. Maar zijn opvolger zal vragen: de NMB een grote bank? Met dit balansje hier? U laat mij lachen heren.

En dan wandelt hij zomaar binnen: de eerste financiële mammoet.

Samengevat zijn de inventies van de banken: staatsleningen verkopen (lood om oud ijzer); overheidsingrijpen om de oudedagsreserves te verkleinen; verstrengeling met de verzekeraars. Verstrengeling met bedrijven, door op te treden als superaandeelhouder, zal in het volgende hoofdstuk worden besproken. De meest bijzondere innovatie, de ware originele gedachte, de doorbraak van het grote bancaire taboe, komt van de directeur-generaal van de ABN, mr. J.H. Geertsema, en volgt hierna.

Vroeger, toen bankieren nog iets was voor mensen die tegen verveling konden, heerste onder kredietverleners wel de opvatting dat een bank geld dat hem maar voor korte tijd ter beschikking was gesteld, alleen voor nóg kortere tijd moest doorlenen. Dat heette: lang lenen, kort uitzetten. Die ouderwetse bankiers hadden daar een goede reden voor. Zij wilden voorkomen dat ze tegen spaarders die hun geld kwamen ophalen moesten zeggen: 'Helaas meneer, mevrouw, het spijt ons, we hebben uw geld uitgeleend. Er kwam hier gisteren namelijk iemand aan de balie die het hard nodig had om een huis te kopen. Probeert u het nog eens over een maand, dan hebben wij het waarschijnlijk wel weer terug.'

Wanneer kort ingelegd spaargeld wordt gebruikt voor lange uitzettingen, wordt het risico op een confrontatie van de spaarder met een niet-betalende bank allengs groter. Het bedrag dat op deze manier, om welke reden dan ook, voor langere tijd is uitgeleend dan ingeleend noemen bankiers de mismatch. Het hoeft met een mismatch niet per se mis te gaan, al lijkt het woord dat te suggereren. Niettemin is de mismatch voor bankiers van de oude stempel een nachtmerrie. In hun dromen zien ze rijen klanten aan zich voorbij trekken, die ze een voor een moeten uitleggen dat ze voorlopig niet terecht kunnen.

Geertsema's Innovatie is: vergroot de mismatch. Even de kiezen op elkaar dan kunnen de oogkleppen eraf. Als u het eens van zijn praktische kant wilt bekijken, heren. Let eens even op de winst die te maken is met het voor lange tijd uitlenen van kort ingelegd geld.

Er is kort geld genoeg. Op al die salarisrekeningen bij elkaar staat altijd een leuke som positief. Op andere kortlopende rekeningen trouwens ook. Al dat korte spaargeld kost de bank weinig – veel rente krijgt de spaarder nu eenmaal niet op geld dat hij dagelijks kan ophalen.

Toch zonde eigenlijk om dat goedkope korte geld voor niets anders te gebruiken dan voor korte kredietjes, die zo weinig opbrengen. Als dat goedkope korte geld nou eens werd gebruikt om langlopende hoogrentende leningen van te verstrekken, zou dat niet een verrukkelijke winstmaximalisatie geven? En zou dat niet allerhartelijkst welkom zijn? Nou dan.

'Een strategie waarbij de vaste kern van spaargelden en saldi op lopende rekeningen – de buffer – in lange activa wordt belegd, geeft over een reeks van jaren gemeten de hoogste en meest stabiele rentemarge,' lichtte de bankier toe.

Om tegemoet te komen aan bezwaren uit de serieuze hoek voegde hij er geruststellend aan toe dat het spaargeld en de saldi op de lopende rekeningen van personen en bedrijven 'redelijk stabiel' zijn. De spaarders hadden juist voor het eerst sinds jaren meer geld opgehaald dan weggebracht. Banken waren daarvan het grootste slachtoffer geweest, dat zag de bankier even over het hoofd, maar dat van die hoge rentemarge klopte helemaal.

Zijn tegemoetkomingen waren niet echt nodig, want de bezwaren uit de degelijke hoek zijn niet erg sterk meer. Niet voor niets is het taboe op de mismatch doorbroken – de banken weten van elkaar dat ze zich er in stilte aan bezondigen. De omvang ervan is per eind 1983 door de ABN-directeur begroot op ƒ 41 miljard voor de algemene banken (dus exclusief Rabo en RPS).

In een onbekend aantal gevallen gaat het om geld dat de banken wel langer ter beschikking is gesteld, maar waarvan de rente varieert. Het gevaar van dat type mismatch is minder groot. Weliswaar is het vervelend voor de bank als hij geld lang heeft uitgezet tegen een rente die opeens lager ligt dan wat hij ervoor moet betalen. Maar de gevolgen blijven beperkt tot dalende winsten. Een mismatch waarbij de bank het ingelegde spaargeld zélf voor een langere periode heeft uitgeleend dan het hem ter beschikking staat is veel gevaarlijker. Dat risico gaat verder dan dalende winsten. Zo kan het inderdaad gebeuren dat de spaarder die zijn geld komt ophalen nee moet worden verkocht.

In beide gevallen gaat het er maar om hoe groot die mismatch is in tijd gemeten. Als de bank het geld van de spaarders maar één dag langer heeft uitgeleend dan het hem ter beschikking staat, zal dat in de praktijk weinig moeilijkheden geven. Maar als het om een maand gaat wordt het al gevaarlijker. Hoe groot de mismatch is in tijd gemeten, maken de banken jammer genoeg niet bekend. Het bedrag van ƒ 41 miljard zegt daarom eigenlijk niet veel. Als de mismatch voor dat bedrag één dag is, staat de zaak er niet slecht voor. Als het een jaar is, wordt het deprimerend.

Hopelijk is het nog niet zo ver en wordt op tijd gesignaleerd dat banken in het nauw de mismatch blijkbaar beschouwen als een aantrekkelijke, kosteloze winstvergroter.

11 De vijfde inventie: de bank als superaandeelhouder

De jongste bancaire inventie heet: 'investment banking'. Eigenlijk is dit niets nieuws. De meeste landen kennen allang investeringsbanken, ook Nederland. Nieuw is alleen dat de gewone banken, de ABN, Amro, Rabo en Middenstandsbank, zich op dat gebied gaan begeven. Alleen door op te treden als investeringsbank kunnen de banken de jongste mode overleven: bedrijven lenen liever geld van de aandeelhouder dan van de bank. De bankier neemt daarom een andere hoed van de kapstok en presenteert zich als super-aandeelhouder. In zijn attachékoffer een splinternieuw produkt voor de hooggeëerde klant: de 'bought deal'.

Een bought deal komt als volgt tot stand. De bankier hoort dat een of ander bedrijf geld voor een grote investering nodig heeft en daarvoor de hulp van de aandeelhouder wil inroepen. De bank rept zich naar de firmant, hoed in de hand want de rollen zijn nu omgekeerd, en vraagt beleefd of hij misschien dat hele pakket aandelen in één keer mag opkopen. De ondernemer doet of hij nadenkt maar verkoopt nog op de stoep het hele pakket aan de bank. Tevreden beëindigt men het onderhoud met het uitwisselen van corona's. Beiden zijn gelukkig. De ondernemer heeft zijn geld veel sneller, het benaderen van een paar duizend kleine aandeelhouders blijft hem bespaard. De bankier heeft eindelijk weer eens handel waar hij wat aan verdient. De aandelen gaat hij verkopen aan kleine beleggers, liefst zo snel en winstgevend mogelijk. Als hij daar niet in slaagt heeft hij een strop – de bankier loopt dus echt risico's. Met liefde, want de opbrengsten zijn gemiddeld twee keer zo hoog als in de recht-toe-recht-aan kredietverlening.

De wens om zich op het gladde pad van investment banking te begeven is niet typisch Nederlands. Ook in het buitenland hebben banken te maken met thuisbankierende multinationals, ook daar verkrappen de rentemarges en vloeit er spaargeld weg door afnemend vertrouwen. Buitenlandse banken zijn in bought deals al verder gevorderd dan de Nederlandse.

Toch is het de 'gewone' banken vrijwel overal in Europa, in de Verenigde Staten en ook in Japan, uitdrukkelijk verboden aan investment banking te doen. De grootste bezwaren komen voort uit de Amerikaanse beurskrag en de bankencrash van 1929. Veel Amerikanen schreven de vele bankfaillissementen in de crisis toe aan mee-speculeren op de beurs. Na de beurskrag waren de pakketten aandelen die de banken zo hadden vergaard geen stuiver meer waard en zo zouden ze zichzelf in moeilijkheden hebben gebracht.

Achteraf zijn er nog andere oorzaken gevonden. Een ervan was dat de crisis van 1929 een gevolg was van al te omvangrijke kredietverlening. De banken hadden enorme hoeveelheden geld geleend aan particulieren. Die kochten er aandelen van, omdat dat destijds een aantrekkelijke belegging was. De belangstelling voor aandelen deed de koersen stijgen hetgeen kopen nog aantrekkelijker maakte. Men leende er wat bij, kocht nieuwe aandelen, de koersen stegen door de toenemende vraag, men leende er wat bij, kocht, de koersen stegen – enzovoort.

Wie wat wilde lenen kreeg wat hij vroeg. Wanneer de kredietverlener de zaak toch niet helemaal vertrouwde, nam hij eenvoudig de aandelen van zijn klant tot onderpand. Totdat de zeepbel in het najaar van 1929 uit elkaar spatte en de koers als een baksteen naar beneden kwam. Joseph Kennedy, de vader van JFK, zag het aankomen: hij maakte zijn fortuin door op het hoogtepunt aandelen te gaan aanbieden die hij niet had, in de verwachting dat hij ze spoedig veel goedkoper zou kunnen inkopen en leveren. Hij kreeg gelijk: zijn inkoop ging al snel tegen de prijs van oude kranten.

De balans voor particulieren die het spel tot het einde toe hadden meegespeeld was: aan de ene kant een torenhoge schuld aan de bank, aan de andere een even hoge stapel aandelen – met de waarde van oud papier. De meesten konden natuurlijk hun leningen niet aflossen, waardoor de banken verliezen leden. Voor zover ze onderpanden hadden waren het aandelen, en die waren waardeloos. Omdat het verschijnsel zo algemeen was, wist iedereen hoe weinig opbeurend de zaken er bij de banken uitzagen. Er ontstond wantrouwen, dat omsloeg in paniek toen dit gegrond bleek: een klein bankje dat door collega's in de steek werd gelaten, failleerde. Duizenden banken werden meegesleurd toen spaarders massaal hun geld kwamen opeisen.

Van toen af aan moesten de algemene banken in de vs zich afzijdig houden van aandelen. De handel in aandelen en het rechtstreeks deelnemen in het aandelenkapitaal van bedrijven was voortaan voorbehouden aan speciale invest-ment banks. Die strikte scheiding komt de banken nu slecht uit. 'Getting rid of the Glass Steagall Act' is in Ame-rika dan ook onderwerp van intensief politiek gelobby. (Glass en Steagall waren de twee volksvertegenwoordigers die de aanzet tot het verbod gaven). Tot de tegenstand gebroken is houden banken zich bezig met het testen van de Act op zijn elasticiteit, die heel behoorlijk schijnt te zijn.

Europese landen en Japan hebben hun eigen versie van de Glass Steagall Act. Voor al die landen geldt dat buiten hun grenzen geen verbodsbordjes meer staan. Japanse banken strijken daarom neer in New York, Londen, Parijs en Amsterdam, Britse banken openen ijverig filialen in Frankfort en Tokio en Amerikaanse banken komen naar Europa. Allemaal zoeken ze de rust om zich, ver van het toezicht van hun centrale banken, te kunnen concentreren op de grote mode van het ogenblik, de bought deal. Dage-lijks fuseren effectenkantoren in de Europese financiële centra met banken en grote verzekeraars, om sterk te staan als de strijd om de nieuwe markt losbarst.

Nederland heeft zijn eigen versie van de Glass Steagall Act. Artikel 25 van de wet Toezicht Kredietwezen schrijft banken voor dat ze niet meer dan vijf procent van het aandelenkapitaal van een onderneming in handen mogen hebben. Het verbod had twee goede bedoelingen: belangenverstrengeling en machtsconcentratie tegengaan en voorkomen dat faillissementen van bedrijven in verband worden gebracht met de eigenaar/bank. Dat laatste is gelukt. Belangenverstrengeling en machtsconcentratie zijn echter niet bestreden. Waar banken veel geld hebben geleend vragen zij beleefd om een commissariaat. Het bedrijf is afhankelijk van de bank, die altijd de lening kan opzeggen. Een op korte termijn opgezegd krediet overleven de meeste bedrijven niet, dus zo'n commissariaat is gauw gegeven.

Ook buiten de formele kanalen om staat de machtige positie van de kredietverleners borg voor voldoende zeggenschap. Hun vooruitzichten overziend lijkt die belangenverstrengeling zelfs nog toe te nemen. De vraag is alleen: met wie? Met bedrijven of verzekeraars? De plannen die banken voor hun eigen toekomst hebben uitgestippeld wijzen in de richting van het een doen maar het ander niet laten.

Verstrengeling tussen banken en bedrijven – doordat banken gaan optreden als super-aandeelhouder – heeft veel nadelen. Als een van de weinige voordelen wordt wel gezien dat de kredietverlening niet meer uit de hand kan lopen. De banken zijn dan namelijk aandeelhouder en de aandeelhouder ziet minder terug, naarmate de kredietverlening overtolliger is geweest. Met overdadige kredietverlening zouden de banken dus vooral zichzelf in de wielen rijden.

Als vanzelf zouden ze dan meer belang hebben bij het voortbestaan van bedrijven en minder bij liquidatie. De risicovolle positie zou hen dwingen bedrijven te beoordelen op hun toekomstkansen. En niet – zoals nu gebeurt – op wat hun bezit zou opbrengen op een veiling.

Niet iedereen is voorstander van zo'n krachtige verstrengeling van de belangen van bank en bedrijf. De grootste vrees geldt machtsconcentratie. Wat daarvan ook waar mag zijn, het grote voordeel gaat in ieder geval niet op. Wel zouden banken inderdaad nauwer bij bedrijven betrokken zijn als ze tegelijk aandeelhouder waren. Maar ze zouden die banden elk moment kunnen slaken, als ze deze te knellend gaan vinden. Zodra een bedrijf in moeilijkheden komt, verkoopt de bank zijn pakket aandelen gewoon op de beurs.

Het is een koud kunstje voor de bank het pakket te verkopen vóórdat de buitenwereld van de moeilijkheden op de hoogte is. De bank is immers altijd de best-geïnformeerde partij. Daardoor zouden die nauwe banden, in plaats van een positief effect, een sterk negatief effect hebben. De zo sterk afgekeurde handel met inside-informatie op de beurs, waar managers en directeuren zo rijk van worden en kleine aandeelhouders zo arm, zou dan helemaal de pan uit rijzen. Er is maar één manier waarop het goed zou kunnen aflopen: een verbod instellen voor banken om hun aandelen in bedrijven nog ooit te verkopen. Maar daar zullen de banken waarschijnlijk niet warm voor lopen.

12 Oude wijn in nieuwe zakken: de sluizen blijven open

In de loop van 1981 heeft de overheid een regeling ontworpen waaraan de banken de komende jaren geweldig veel plezier zullen beleven. Wat heeft zij gedaan? Omdat ze zag dat vooral beginnende bedrijven beter zijn geholpen met eigen geld dan met krediet van de bank, heeft ze een regeling ontworpen om de stroom van zogeheten risicodragend kapitaal naar het bedrijfsleven te bevorderen.

Tussen haakjes: Iedereen die nieuw uitgegeven aandelen koopt, verschaft daarmee risicodragend kapitaal aan het bedrijf dat ze uitgeeft. Het bedrijf zelf krijgt alleen geld bij de uitgifte. Daarna kunnen aandeelhouders hun stukken op de beurs onder elkaar verhandelen, maar het bedrijf staat daar helemaal buiten. Wel worden de aandeelhouders er beter van als het bedrijf winst maakt: dan worden de aandelen meer waard.

Geld dat via de uitgifte van aandelen in bedrijven wordt gestoken heet risicodragend, omdat het pas als laatste wordt terugbetaald als het bedrijf failliet gaat. (Gewoonlijk is er dan geen geld meer over, zodat met 'risicodragend' inderdaad niet te veel gezegd is.) Dit in tegenstelling tot geld dat het bedrijf bij de bank aantrekt. Dat moet in een faillissement als eerste worden terugbetaald en wordt daarom met recht 'risicomijdend' genoemd.

Om nu de stroom van risicodragend kapitaal te bevorderen heeft de overheid de Particuliere Garantieregeling ontworpen. In die regeling belooft zij dat ze de helft zal vergoeden van de verliezen die de kapitaalverschaffers op hun aandelen lijden, zodra die aandelen worden verkocht of weggegooid omdat het bedrijf failliet gaat. Bankdochters plakken zichzelf onder deze regeling het etiket Particuliere Participatiemaatschappij op, maar onder dat etiket zit gewoon de ouderwetse investeringsbank.

Het zijn echter niet alleen de algemene banken zoals ABN en Amro die aan het participeren zijn geslagen. Er zijn ook participatiemaatschappijen die niet in handen van de banken zijn. Beide soorten hebben met elkaar gemeen dat ze zijn opgericht met het doel risicodragend kapitaal te verschaffen en dat ze de helft van hun verliezen willen terugkrijgen van de overheid.

De Garantieregeling is een buitenkansje voor de bekneld geraakte banken – in meer dan één opzicht. In de eerste plaats is er de mogelijkheid zonder al te grote risico's te koersen in de richting van investment banking. De banken kunnen gaan participeren in jonge veelbelovende ondernemingen. Wordt de veelbelovendheid onverhoopt niet waargemaakt, dan vergoedt de overheid de helft van het verlies.

Banken beginnen die mogelijkheid langzaam te ontdekken. Allemaal hebben ze een of meer participatiemaatschappijen opgericht. Steeds vaker verschijnen er lange lijsten met Verklaringen van geen Bezwaar van De Nederlandsche Bank in de *Staatscourant*. Die verklaring moeten banken aanvragen voor deelnemingen in bedrijven. De meeste participatiemaatschappijen zitten nog in een oprichtingsfase, maar ze groeien explosief. In een door ons in augustus 1985 uitgevoerde telefonische enquête was de stand als volgt:

Op de eerste plaats staat de de Middenstandsbank met *f* 49 miljoen, daarna de ABN met *f* 30 miljoen, de Amro met ongeveer *f* 12 miljoen en de Rabo met *f* 10 miljoen.

De Garantieregeling heeft nog een ander voordeel. De banken kunnen haar gebruiken voor het opruimen van hun winkeldochters. De afgelopen jaren hebben banken veel aandelen verworven in zo-goed-als-niets belovende bedrijven. Ondernemingen die op het punt van instorten stonden maar die de bank toch liever niet failliet liet gaan omdat de

104

Garantieregeling in de maak was. Liever werd zo'n bedrijf – met de bank als nieuwe eigenaar – aan het werk gehouden. Zo hadden de banken nog een kans dat de leningen in de toekomst konden worden afbetaald. Banken spreken zelf van 'niet geheel vrijwillige participaties'.

Na deze volkomen vrijwillige participaties, die vaak verliesgevend of marginaal zijn, voor een ruim bemeten bedrag in hun participatiemaatschappijen te hebben gestopt, kunnen deze deelnemingen alsnog worden geliquideerd, of tegen een krap bemeten bedrag verkocht. Van het verschil tussen ruime bemeting en krappe bemeting doet de overheid de helft cadeau.

Verliezen afwentelen op de belastingbetaler was nooit expliciet de bedoeling die de Kamerleden met de Garantieregeling hebben gehad. Sommige banken doen daarom erg geheimzinnig, als hen wordt gevraagd wat er in hun participatiedochters zit. Pierson, Heldring & Pierson bij voorbeeld. Deze bank heeft haar participatiemaatschappij 'Intimis' gedoopt. De woordvoerder wil er dan ook zo weinig mogelijk over kwijt. 'Onze Intimis,' fluistert hij door de telefoon, 'is een activiteit waarmee wij in het geheel niet naar buiten treden om participaties te werven. Het is meer een uitvloeisel van onze al langer bestaande activiteiten in het bedrijfsleven. Wij zien liever niet dat er publiciteit aan wordt gegeven.' Bij Pierson liggen de winkeldochters kennelijk al stuiptrekkend op de plank, klaar voor de participatiemaatschappij.

Participeren en investment banking is ook helemaal de koers van Pierson niet. De koers van Pierson wordt door De Nederlandsche Bank met geregelde tussenpozen in de *Staatscourant* gepubliceerd. Voor het oprichten van dochters en participaties heeft elke bank namelijk verklaringen van geen bezwaar nodig van De Nederlandsche Bank. De centrale bank publiceert die in de *Staatscourant*. Uit al die verklaringen van geen bezwaar blijkt dat de koers van Pierson (een volle dochter van de Amro-bank) zonder oponthoud in de richting van belastingparadijzen en financiële vrijhavens gaat.

De collega's openden ook weleens een bank in een financiële vrijhaven, maar de Amro-dochter deed niet anders. Blijkbaar heeft Pierson ervoor gekozen de leegte te vullen die Slavenburg's Bank op dat punt in de harten van zovele trouwe cliënten heeft achtergelaten. De klanten de mogelijkheid bieden de Nederlandse fiscus te ontgaan moet wel een kwestie van beleid zijn, voor toeval is het aantal exotische dochters dat Pierson in twee jaar tijds heeft opgericht te groot. Het waren er dertien. Eén op Aruba, één op Sint Maarten, drie op Curaçao, één op de Kaaiman-eilanden, één op de Britse Virgin Islands, één in Panama, nog twee op op de Antillen, twee op het kanaaleiland Guernsey en één in de Zwitserse plaats Zug. Ze heten Pierson Pension Management, of iets anders illusters. Hoeveel brievenbusdelers er tussen zitten is niet bekend.

Terug naar de Garantieregeling. Er zit nog een derde genieting aan de Garantieregeling, maar dat is wellicht een minder eigenlijk gebruik. Het is een combinatie van gedwongen winkelnering en verplaatsing van de winst.

Het gebeurt echt en het gaat zo. Bankier tot jonge, veelbelovende ondernemer: 'Dat risicodragende geld is wat ons betreft geen enkel probleem. U zult trouwens merken dat problemen voor ons als het ware niet bestaan. En als ze bestaan lossen wij ze op. Dag en nacht staan wij bij wijze van spreken voor u klaar met raad, advies en geld. Terwijl u werkt denken wij desnoods na. Niets hoeft u daar tegenover te stellen. Wel verwachten wij dat uw rekening via onze bank loopt want beleefdheid waarderen we hier. Entre nous: met onbeleefde klanten hebben we weinig op. Vooral niet in de risicodragende sfeer.'

Die dubbele klandizie – bedrijf als participatie en bedrijf als rekeninghouder – komt de bank van pas bij zijn volgende stap: het verplaatsen van de winst. De bank zorgt ervoor dat de winst van haar participatiemaatschappij laag blijft, en die op de kredietverlening hoog. Moeilijk is die operatie niet. De winst wordt eenvoudig verplaatst door het jonge, veelbelovende bedrijf wat extra rente te laten betalen voor zijn kredieten. Dat heet dan een 'risico-opslag'.

Zo slaat de bank meerdere vliegen in een klap. De extra risico's in de kredietverlening aan beginnende bedrijven worden één keer opgevangen door het bedrijf zelf – via de extra rente, en daarna nog eens door de overheid – via de Garantieregeling. De rente-opslagen dunnen de winst van de participaties uit en spekken tegelijk die in de kredietverlening.

Zo kan er nooit iets fout gaan. Doet de participatie het goed, dan maakt de bank royale winst op de verleende kredieten. Doet zij het niet goed, dan wordt ze verkocht of geliquideerd en springt de overheid steunend bij. Liquideren of verkopen levert nog iets meer op dan winstmaken. Over winst wordt 43 procent belasting betaald, terwijl op verlies 50 procent wordt vergoed. Met zo'n riante verliesvergoeding wordt liquideren een feest. Bedrijven buiten participatiemaatschappijen zullen dan ook waarschijnlijk een langer en gelukkiger leven lijden dan hun collega's erbinnen.

De praktijk leert dat alle vormen van oneigenlijk gebruik die met het blote hoofd van een niet-crimineel te bedenken zijn ook werkelijk worden toegepast. Daarom aandacht voor een paar nieuwe en veelbelovende manieren om schatrijk te worden.

Goed bij kas zittende buurtgroepen kunnen zonder problemen aan het participatieproces deelnemen. De buurtgroep begint met twee participatiemaatschappijen op te richten en een BV of drie: BV Exploitatie Kindercrèche, de BV De Kleine Speeltuin en de BV Bevordering Verkeersdrempels. Alle BV's staan los van de participatiemaatschappijen. Na een tijdje kopen de participatiemaatschappijen de BV Exploitatie Kindercrèche op tegen een prettig hoog bedrag. Zeg twee ton. Daarna gaat Kindercrèche diensten verrichten voor De Kleine Speeltuin en Bevordering Verkeersdrempels. Dat gebeurt voor een vriendenprijsje. Kleine Speeltuin en Verkeersdrempel varen daar wel bij en ze zien hun winsten aangenaam stijgen.

De gezondheid van de BV Kindercrèche verslechtert met de dag. Na een tijdje besluit het bestuur van de participatiemaatschappijen zich van hem te ontdoen. Kindercrèche wordt geliquideerd en brengt een halve ton op. De participatiemaatschappijen spoeden zich naar het loket van De Nederlandsche Bank. Wat afschuwelijk van die veelbelovende participatie, leeft de employé mee. Hoeveel had die u gekost? Twee ton? En u hebt er een halve ton voor teruggekregen? Dat scheelt anderhalve ton. Kijk eens: hier hebt u vijfenzeventigduizend gulden. Veel is het niet maar het komt uit een goed hart. Veel succes met uw risico's en tot ziens maar weer. De andere twee BV's waren er inmiddels één ton beter van geworden.

De bankemployé zal de buurtgroep inderdaad nog terugzien. Drie ton trekken de participatiemaatschappijen uit voor de aankoop van de veelbelovende BV De Kleine Speeltuin – een goed draaiend bedrijf, dat zijn diensten na opname in de participatiemaatschappijen tegen een vriendenprijsje aanbiedt aan BV Bevordering Verkeersdrempels. Hoe stralender Verkeersdrempel eruit gaat zien, des te afgetrokkener oogt De Kleine Speeltuin. Nadat de participatiemaatschappijen het een tijdje hebben aangezien zien zij zich genoopt zich van haar participatie te ontdoen. Speeltuin wordt voor dertig procent van de aankoopprijs geliquideerd. De buurt meldt zich weer bij De Nederlandsche Bank, incasseert 105 000 gulden en organiseert een braderie om het te vieren. De andere BV was er inmiddels twee ton beter van geworden.

Winst voor de buurtgroep tot dusver: 120 000 gulden. Diezelfde week schaffen de participatiemaatschappijen een nieuwe participatie aan.

Dit alles kan tot in lengte van dagen zo doorgaan. Bij toerbeurt worden nieuwe BV's opgenomen in de participatiemaatschappijen. Om de beurt worden ze rijk met verlies maken. Zijn ze op, dan worden ze geliquideerd.

Zoals alles, wordt ook dit pas spannend als de zaken met enig gevoel voor grootschaligheid worden aangepakt. Grotere bedrijven kunnen een onbegrensd aantal dochter-BV's inzetten en natuurlijk ook zeer vele participatiemaatschapppijen. Voor het middelgrote tot grote bedrijf worden nu echte superzaken mogelijk.

Omstreeks 1988 zullen parlementariërs zich tot de dan vigerende minister van financiën richten met de vragen: Kan de minister opheldering geven over de omvangrijke verliezen die de staat op de Garantieregeling voor Particuliere Participatiemaatschappijen lijdt? Kan de minister aangeven hoe het komt dat ondanks de steunregeling participaties buiten de participatiemaatschappijen langer leven dan die erbinnen? Hoe verklaart de minister de enorme groei van het aantal maatschappijen in de periode 1985-1988, terwijl toch het participeren nauwelijks rendement bleek op te leveren?

De Garantieregeling voor Particuliere Participatiemaatschappijen, zal de minister antwoorden, lijkt inderdaad niet geheel en al aan haar doel te hebben beantwoord. Dat ons jaarlijks bedragen van die orde ter compensatie zouden worden aangeboden, viel begin jaren tachtig uiteraard niet te voorzien. Nu de aanloopfase is afgerond zal de regeling aan een evaluatie onderworpen worden. Daarbij zal terdege rekening worden gehouden met de risico's die de regeling voor de staat met zich mee brengt, maar anderzijds zal de evaluatiecommissie een open oog hebben voor de enorme behoefte, waaraan de regeling kennelijk voldoet.

13 Strijd tegen dubieuze debiteuren

Als uw klant het leven laat, zal hij u mee zijn graf insleuren? Dit vraagt een Engelse verzekeraar aan de lezers van de Britse *Times*. Naast de tekst ziet de ontbijtende Engelsman een managerachtige landgenoot die fronsend de afgrond inkijkt. Hij bungelt aan de ene hand van zijn enige klant. Als die loslaat zal hij vis en chips eten tot in alle eeuwigheid.

Tienduizenden klanten zijn in de laatste twaalf maanden failliet gegaan, rekent de maatschappij de lezers voor. Duizenden van hen alleen maar omdat hun klant failliet ging en hun rekeningen onbetaald bleven. Onbetaalde rekeningen zijn niet alleen maar frustrerend en schadelijk. Ze kunnen dodelijk zijn.

De Trade Indemnity Credit Insurance, de maatschappij die de advertentie plaatste, biedt bedrijven een verzekering aan tegen wanbetaling van hun klanten. Het is een van de overal in Europa opschietende verzekeraars van handelskrediet. Engeland trekt veel kredietverzekeraars aan. Nederland nog meer. Daar is de voedingsbodem dan ook het rijkst. De bodem moet zo drassig zijn dat bedrijven er snel in wegzakken. Hoe groter het aantal faillissementen hoe groter de groei en bloei der kredietverzekeraars.

Een echt opbeurend begin van de dag is het verkooppraatje van de Trade Indemnity niet, maar mensen die de kracht hebben de krant achterstevoren te lezen – te beginnen met de beurspagina's – zijn daarin gehard.

'Het kleinste stropje kan al een desastreus effect op uw bedrijf hebben,' vertelt de maatschappij geanimeerd. Zij illustreert dat met een redactiesom. 'Stel u maakt vijf procent marge op uw omzet. Nu laat uw klant een rekening van vijfduizend gulden onbetaald. Vraag: hoeveel groter moet uw omzet zijn, alleen om dat verlies goed te maken?'

Antwoord: honderdduizend gulden. De vragen die de zakenman vervolgens zelf mag beantwoorden: Hoe lang denkt u daarover te doen? Hoeveel werknemers hebt u daarvoor nodig? Al die tijd werkt u feitelijk voor niets, Dom hoor, om uw bedrijf onverzekerd te laten tegen een zo groot risico als wanbetaling. Brand en braak zijn er niets bij.

De Trade Indemnity praat geen onzin. Een bedrijf dat zijn afnemers failliet ziet gaan, is er slecht aan toe. Niet overal even slecht. In Nederland allerakeligst en in Frankrijk, Engeland en ook West-Duitsland wat minder erg. In deze landen blijven bedrijven bij het faillissement van hun klant achter met hoge stapels onbetaalde rekeningen. Hun collega's en concurrenten in België en Italië hebben daar veel minder last van. (Een internationale vergelijking staat in hoofdstuk 16 'Bankieren en failleren in de rest van Europa'.)

Maar ook los van die onbetaalde rekeningen: failliete klanten zijn onaangenaam. Elke klant minder is ook omzet minder. Ook voor grotere bedrijven, die hun omzet spreiden over verschillende klanten, kan de schade onverwacht groot zijn. Het komt namelijk niet vaak voor dat een bedrijf aan al zijn klanten precies evenveel levert. Bijna elk bedrijf heeft een omzetconcentratie bij een paar klanten.

De Italiaanse econoom Pareto gaf zijn naam aan de 'twintig-tachtigregel' die zegt dat twintig procent van de klanten gemiddeld goed is voor tachtig procent van de omzet. Kredietverzekeraars vinden dit wel zo bruikbaar dat ze er een vuistregel van hebben gemaakt. Er is dus een concentratie van risico's. Valt zo'n goudklant weg, dan is er meteen een aanzienlijke terugval in de omzet. Hier zitten ook de hoogste stapels onbetaalde rekeningen. Een faillissement in deze categorie klanten is voor de leverancier een directe bedreiging.

In slechte tijden proberen ze daarom aan de weet te komen of hun klant wel goed van betalen is voordat ze hem op krediet of op afbetaling grote partijen toezenden.

Ook in Nederland staan de kranten sinds een paar jaar
vol met advertenties van kredietbewakers, debiteurenbewakers, factormaatschappijen, kredietinformatiebureaus, 'credit management services' en allerlei andere dienstverleners die tegen betaling graag uitleggen hoe men uit het graf van zijn klant blijft.

Veruit de eenvoudigste bescherming tegen wanbetaling is de hele omzet verzekeren bij een kredietverzekeraar. De grootste kredietverzekeraar van Nederland is de Nederlandsche Credietverzekering Maatschappij (NCM) in Amsterdam. De NCM heeft binnenslands een monopolie. Zij verzekert niet alleen tegen wanbetaling van binnenlandse afnemers, maar ook van buitenlandse. Als het risico haar te hoog wordt vraagt zij of de Staat der Nederlanden het – samen met de betaalde premies - van haar wil overnemen. De staat doet dat alleen als het om zuiver politieke risico's gaat. Voorwaarde is wel dat het een land is waar de regering ook wat mee op heeft, zoals Zuid-Afrika, en niet een waar zij niets mee op heeft, zoals Polen, Argentinië of Nigeria. Aan Zuid-Afrika kan nog steeds geleverd worden, aan Polen, Nigeria en Argentinië niet.

In plaats van zich te verzekeren tegen het faillissement van de afnemer, kan een leverancier volstaan met het inwinnen van informatie over zijn klant. Dat is een wat goedkopere vorm van beveiliging.

De oudste en bekendste verschaffer van handelsinformatie is het Haagse bedrijf Dongelmans, vernoemd naar de directeur. Misschien ook de grootste, dat is hoe je het rekent. Onlangs heeft Dongelmans met behulp van een grote computer een systeem opgezet dat 'Creditel' is gedoopt en dat hij in alle bescheidenheid zou willen aanbevelen als een wereldprimeur. Sinds kort staan in de computer aan het Haagse Leeghwaterplein alle Nederlandse bedrijven geregistreerd en een goed deel van de vrije-beroepsuitoefenaars. Samen zijn het er ruim zeshonderdduizend. Niet alleen met postcode en telefoonnummer; Dongelmans houdt ook bij hoe snel het bedrijf betaalt en hoeveel onbetaalde rekeningen er op de plank liggen.

Het verzamelen van dit soort gegevens is eenvoudiger en respectabeler geworden. Niet lang geleden was de handelsinformant een randfiguur in regenjas die met een Colt op Grote Getallen joeg. Dongelmans wordt ongaarne aan die tijd herinnerd. Nu staat die computer er en de (betalende) abonnees zetten er hun klanten in. Ze hebben zich verplicht achterstalligheid van hun klanten aan Dongelmans te melden. Zo weet ook Dongelmans wie er achterstallig is. Die kennis verkoopt hij aan zijn klanten. Dat is zijn kunst.

Behalve informatie van klanten worden in het systeem ook analyses van jaarrekeningen opgeslagen en andere financiële gegevens. Ook wordt gelet op plotselinge koersvallen op de beurs - hier krijgt die stiekeme aandelenhandel met inside-informatie, waar zoveel directeuren en hooggeplaatste managers steenrijk van worden, nog een nuttige signaalfunctie. Maar het hoofdsignaal is toch de achterstalligheid. Zodra die er is, begint voor Dongelmans – en voor elk soortgelijk bedrijf – het eierenlopen. Aan de ene kant kan hij zijn abonnees niet al te prompt adviseren alle leveranties te staken. Dan loopt hij kans op het verwijt dat hij de onderneming zelf over de kling jaagt. Goed voor een schadeclaim die ook de wereldprimeur om zeep helpt.

Aan de andere kant loopt hij het risico dat zijn klanten hem aanklagen wegens wanprestatie als hij het woord wanbetaling te laat of te onduidelijk in de mond neemt. Zijn klanten betalen per slot van rekening niet om tóch nog met die onbetaalde rekeningen te blijven zitten.

113

In de praktijk hebben Dongelmans en zijn collega's de zaak opgelost door de aangesloten abonnee mee te delen: 'Let op cliënt, er dreigt gevaar!' Waarna, om met Dongelmans kwartaalorgaan te spreken, 'verdere interpretatie door de ontvangers dient te worden gerealiseerd'.

Daarnaast krijgt de leverancier in overzichtelijke tijdsblokken op zijn scherm te zien dat zijn klant de afgelopen twee jaar binnen zeven dagen betaalde, vorig jaar binnen twintig dagen, en sinds kort pas binnen dertig dagen. Tussen haakjes staat gevoelig: de gemiddelde betalingstermijn in zijn bedrijfstak is vier dagen. En vier dagen geleden heeft de klant de deurwaarder op bezoek gehad.

Op basis van die informatie kan de leverancier dan geheel zelfstandig beslissen of hij deze klant nog op krediet wil leveren.

Hij kan ook internationale informatie krijgen. Geleidelijk aan tekent zich de totstandkoming af van een internationaal informatienetwerk. Buitenlandse kredietverzekeraars komen zich in Nederland vestigen en brengen informatie over bedrijven in hun thuisland mee. Een voorbeeld is Dun & Bradstreet, die aanspraak maakt op de titel 'de grootste ter wereld in handels- en kredietinformatie'. Tegelijk richten Nederlandse informatieverschaffers dochters op in het buitenland of nemen een abonnement op plaatselijke databanken.

Dongelmans zelf staat via de satelliet in verbinding met een soortgenoot in de Verenigde Staten die de kredietwaardigheid van zes miljoen Amerikaanse bedrijven bijhoudt. De directeur durft de uitspraak aan dat de Friese fokker die vijftienhonderd stamboekkoeien moet leveren aan een groot boerenbedrijf in Texas, binnen tien minuten een gedetailleerd rapport onder zijn neus kan hebben over kredietwaardigheid en betalingsdiscipline van zijn verre klant. Daarnaast heeft Creditel een zusje in België en een in West-Duitsland is in aantocht.

Kredietverzekeraars doen ook nog iets anders om de

114

risico's van bedrijven te verkleinen: ze treden op als incassobureau. Incasso is niet het rauw en bloedig handwerk van vroeger meer. Het woord is thans: 'relatiebehoudende incasso'. Relatiebehoudende incasso doet in verfijndheid niet onder voor relatiebehoudend overspel: vereist zijn bovenmenselijke tact en subtiliteit. Dongelmans heeft hiervoor een soort drietrapsraket gebouwd, althans voor de incassoprocedure, die in de eerste twee fasen voorziet in een 'uiterst persoonlijke, minnelijke benadering' en pas in de derde in het zenden van de deurwaarder. Waarbij zelfs dan nog de 'sterk persoonlijke benadering centraal staat'. Al glijdt hij af van edelman tot bedelman, de klant blijft koning.

Naast verzekering en het inwinnen van handelsinformatie is er nog een laatste beveiliging die sterk in opkomst is. Het heet 'factoring'. Liefst op z'n Nederlands uitgesproken want het mag dan in 1985 pas in de mode zijn geraakt, wij kennen het verschijnsel al wat langer. De ondernemer die de stapel rekeningen die zijn klanten hem nog moeten betalen nu wel erg hoog vindt worden, stapt naar een factormaatschappij en zegt: 'Hier heb je mijn stapel, geef mij maar vast geld. Zie zelf maar of en hoe je incasseert.' In het algemeen zal ook de factormaatschappij, uit welbegrepen eigenbelang, de voorkeur geven aan 'relatiebehoudende incasso'.

Goedkoop is deze beveiliging niet. Gewoonlijk krijgt de ondernemer een voorschot van een procent of tachtig op zijn stapeltje. Totdat de stapel is afgewikkeld, betaalt hij de normale marktrente. Als alles meezit, krijgt hij ook de resterende twintig procent nog terug. (Provisie krijgt hij natuurlijk niet terug.) De meeste factormaatschappijen gaan alleen met de leverancier in zee als die zijn hele stapel meebrengt, niet alleen een paar moeilijk te innen vorderingen.

Op de vraag hoeveel er zo gemiddeld wordt terugverdiend volgt bij factormaatschappijen en ook bij Dongelmans suizende stilte. Dat soort gegevens roept men niet van de daken.

Bijna alle grote factormaatschappijen zijn bankdochters. Gezien de machtspositie die de bank bij levende en overleden bedrijven inneemt, zou het niet verbazen als incasso door zo'n factormaatschappij meer succes heeft dan incasso die ondernemers in eigen beheer uitvoeren.

Factoring heeft veel voordelen. De leverancier kan het geld voor een polis wanbetaling op zak houden. Dank zij het voorschot van de factormaatschappij heeft hij geen onzekere post 'tegoed' meer in zijn boeken staan. Hij beschikt snel over geld waarop hij anders wie weet hoe lang had moeten wachten. Hij hoeft ook geen tijd en aandacht meer te besteden aan de vraag hoe hij zijn klant aan het betalen krijgt. Al met al is factoring een aantrekkelijke manier om het risico van wanbetaling zo klein mogelijk te maken. Het enige wrange is dat bedrijven deze diensten tegen ruime betaling moeten kopen bij de banken. Wrang, omdat het nu juist de banken waren aan wie de leveranciers hun bijzonder hoge risico's te danken hadden. Daar verdienen de banken nu dus geld aan. Zó letterlijk werd de wijsheid dat je van je fouten moet profiteren nog niet vaak in praktijk gebracht.

14 Leidsche wol tegen de grootbanken

Niet alleen met wettelijke maatregelen kan het bedrijfsleven zichzelf beschermen. Ook de rechterlijke macht kan, door de uitleg van bestaande wettelijke en contractuele bepalingen anders te interpreteren, bestaande misstanden verbeteren. Zo hebben de Nederlandse banken in hun algemene voorwaarden bepalingen opgenomen waarbij is geregeld dat zij hun klanten niet onnodig schade mogen berokkenen en rekening moeten houden met hun belangen. Tot nu toe zijn deze bepalingen min of meer dode letters gebleken, maar dat kan anders worden. Het volgende verhaal is zeer moedgevend met betrekking tot het optreden van rechters bij geschillen tussen banken en bedrijven.

Op een gegeven moment, het moet in het vroege voorjaar van 1984 geweest zijn, was het weer eens zover: het was tijd voor een nieuwe ronde 'klantje liquideren'. Acteurs waren ditmaal Amro en ABN: het slachtoffer zou de naamloze vennootschap Leidsche Wolspinnerij NV zijn. De beide banken hadden eind 1983 een kredietovereenkomst met de Leidsche Wol gesloten.

Deze kreeg tot eind mei 1984 een krediet met een maximum van ƒ 10 miljoen. De banken kregen alle zekerheden, dus hypotheek op het onroerend goed, alle vorderingen op derden en bovendien alle voorraden gereed produkt in eigendom. In het contract was ook bepaald dat het te lenen bedrag niet hoger mocht zijn dan 50% van de executiewaarde van het in zekerheid gegeven eindprodukt, plus 70% van de executiewaarde van de andere zekerheden. Een veilige marge dus voor de beide grootbanken.

Een maand nadat de kredietovereenkomst was gesloten,

op 27 januari 1984, lieten de ABN en de Amro op kosten van de Leidsche Wol de waarde van het fabrieksterrein waarop zij hypotheek hadden gekregen, taxeren. Zij wezen zelf de taxateur aan. De uitkomst van de taxatie was f 150 per m².

Op 6 april, toen de kredietovereenkomst nog slechts zeven weken zou lopen en de Leidsche Wolspinnerij bezig was een andere bank te zoeken, verminderden de beide banken de kredietlimiet eenzijdig van f 10 miljoen naar f 8 miljoen. Als reden werd opgegeven dat het onroerend goed te hoog getaxeerd was (door henzelf nota bene) en dat bij een juiste taxatie de waarde van de verkregen zekerheden lager zou zijn geweest. De Leidsche Wol ging niet akkoord met de verlaging van de kredietlimiet. Om achteraf hun gelijk te bewijzen lieten de banken het fabrieksterrein van de Leidsche Wol op 18 april schatten door een andere makelaar, A.H. van Oostrum uit Utrecht. Dit gebeurde stiekem, zonder dat de directie van de Leidsche Wol ervan wist. Hij kwam uit op f 60 per m². In totaal kwam de getaxeerde waarde van het fabrieksterrein daardoor f 2,8 miljoen lager uit.

Aldus dachten de beide banken 'bewezen' te hebben dat de hypothecaire zekerheid minder waard was en zij dus het verwijt van contractbreuk wel konden ontlopen. Wanneer het krediet van de ene op de andere dag beperkt wordt en een bedrijf niet enkele weken de tijd krijgt om ordentelijk naar een andere bankier over te gaan, is dat vaak dodelijk. In sommige gevallen is dat zelfs heel makkelijk te voorspellen. Ook in dit geval, en als buitenstaander vraag je je dan af of deze banken, met kantoren vol afgestudeerde mensen, werkelijk zo dom zijn dat ze dat niet zien. Zo ga je nog denken dat ze dat doen om een andere klant te gerieven.

Een dag later, op 19 april, had de Leidsche Wol de beide banken in kort geding gedagvaard voor de president van de Amsterdamse rechtbank, mr. B.J. Asscher. De behandeling van de zaak vond reeds de volgende dag plaats. De Leidsche Wol eiste dat de banken hun woord niet zouden breken en het krediet op ƒ 10 miljoen zouden handhaven. Op de zitting beweerden de Amro en de ABN doodleuk dat ze reeds van meet af aan hadden getwijfeld aan de betrouwbaarheid van het eerste taxatierapport.

President Asscher die, als elke Nederlander, ook weleens een zwakke dag heeft, was toen echter in topvorm. Hij deed nog dezelfde dag, 20 april 1984, een voor de gezonde verhoudingen in het Nederlandse bedrijfsleven historische uitspraak. Hij vond het, mede met het oog op de belangen van de vierhonderd werknemers, 'onaanvaardbaar het voortbestaan van eiseresse's onderneming op dit moment afhankelijk te stellen van een wellicht foutief taxatierapport'. Hij stelde de ABN en de Amro in het ongelijk.

De president voegde nog een kaakslag toe aan beide grootbanken en hun gebruikelijke bancaire praktijken: hij stelde onomwonden dat de beide banken volledig te kwader trouw waren bij de kredietopzegging, ofwel, meer juridisch geformuleerd: 'in strijd met de goede trouw, bij de uitvoering van de kredietovereenkomst in acht te nemen'.

De beide banken gingen in hoger beroep (alleen maar voor de publiciteit?) maar trokken dit enige tijd later stilletjes weer in. Een pluim op de hoed verdienen de leden van de Raad van Commissarissen van de Leidsche Wol die het gedurfd hebben de wil van de banken te trotseren. Het zou te wensen zijn dat meer bedrijven zich verzetten tegen de kwade-trouwpraktijken van Nederlandse banken.

En de Leidsche Wol? Die nam afscheid van de ABN. Het jaar volgende op deze gebeurtenis werd voor het eerst sinds jaren weer winst gemaakt en de beurskoers is hoger dan deze sinds vele jaren is geweest.

15 Verzeker een ander tegen uzelf

De housewarming-party in het Ogem-sterfhuis was nog in volle gang toen in een van de grote collegezalen van de Erasmus Universiteit te Rotterdam een forum plaatsvond met als onderwerp: zeggen we ja of nee tegen sterfhuizen en -paleizen. Na afloop werd een borrel gedronken en raakten de tongen los. Een der toenmalige directeuren van de Nederlandsche Credietverzekering Maatschappij (NCM) bleef niet achter. Hij had een interessant verhaal te vertellen.

Ongeveer in dezelfde tijd dat het Ogem-sterfhuis in gebruik werd genomen vond een vergelijkbare manipulatie plaats bij wat toentertijd de Koninklijke Nederlandse Heidemaatschappij NV heette. Deze werd op een wat eenvoudiger wijze in een sterfhuis omgezet dan de Ogem, er was minder voorbereiding aan vooraf gegaan door de dames en heren advocaten en notarissen.

Maar de kern van de zaak was hetzelfde: uiteindelijk werden ook daar de schuldeisers krachtig benadeeld door het laatste stadium van de zekerheidsverschaffing, het sterfhuis. Een van de grootste schuldeisers was de NCM, die dat echter niet op zich wilde laten zitten. De NCM vroeg aan de nieuw opgerichte Heidemaatschappij, die officieel niets met de oude failliete Handelsmaatschappij te maken had, of deze zo goed wilde zijn (geheel onverplicht uiteraard) vijf miljoen gulden naar de rekening van de NCM over te maken.

Als tegenprestatie zou de NCM de nieuwe Heidemaatschappij een zekere bescherming geven tegen ongewisse tijden. De bescherming bestond hieruit dat de NCM ervoor zou zorgen dat leveranciers aan de nieuwe Heidemaatschappij zouden blijven leveren, een tamelijk noodzakelijk iets voor een net beginnende maatschappij met een zwak financieel imago.

Indien de vijf miljoen niet betaald zou worden, zou de NCM maatregelen nemen, waardoor de neiuwe Heidemaatschappij ten dode opgeschreven zou zijn: er zouden vrijwel geen leveranciers meer blijven leveren. De maatregel die de NCM zou nemen tegenover het nieuwe bedrijf bestond uit het niet meer verzekeren van leveranciers en het bekend maken van deze weigering.

Dat doet denken aan de Verenigde Staten in de jaren dertig waar toen niet-erkende molestverzekeraars het bedrijfsleven, eveneens tegen betaling, beschermden tegen ongewisse zaken. Die bescherming bestond uit zorgen dat de winkels van de lokale middenstand niet in puin werden geslagen. Indien de winkeliers niet betaalden bleek achteraf vaak dat de bescherming juist erg nuttig geweest zou zijn, omdat de winkels van de niet-betalende middenstanders korte tijd later toevallig in puin gelegd bleken te zijn.

Een belangrijk verschil tussen de Nederlandse en Amerikaanse situatie is echter dat het ministerie van justitie in de Verenigde Staten de beschreven manier van zaken doen als afpersing (onder dreiging van molest!) betitelde en de betreffende heren achter de tralies trachtte te krijgen, terwijl in Nederland de justitiële autoriteiten het zaken doen van de NCM minder negatief benaderen.

Gelukkig was de Heidemaatschappij zo verstandig te betalen en ze bestaat daardoor nog steeds. Wij zijn overigens niet nagegaan of deze betaling in de jaarrekening ordentelijk als immaterieel actief in de balans is opgenomen en in het daarvoor bestemde aantal jaren is afgeschreven.

Over de NCM valt heel wat te vertellen en meer kwaads dan goeds. Als instituut is het een wonderlijk verschijnsel: eerst hebben de banken te veel krediet verleend, daarna hebben ze zoveel onderpanden genomen dat leveranciers in elk faillissement krachtig werden benadeeld en als reactie daarop gingen steeds meer leveranciers zich verzekeren tegen wanbetaling. Dat gebeurt bij de NCM, die speciaal voor dat doel is opgericht door de grote banken en verzekeringsmaatschappijen.

Als het slecht gaat, verhoogt de NCM de premies voor bedrijven. Als de NCM eens een jaar meer premie van bedrijven heeft geïnd dan ze aan schade hoefde uit te keren, nodigt zij haar aandeelhouders uit: bankiers en verzekeraars. Die krijgen dan een uitkering uit wat de NCM haar winst noemt, dat zijn premies die bedrijven te veel hadden betaald. Het gaat niet om grote bedragen, het is maar een klein feestje daar op de Amsterdamse Keizersgracht, maar omdat banken het altijd leuk vinden iets te krijgen, is het toch heel genoeglijk.

Van alle franje ontdaan ziet het systeem er zo uit: bedrijven betalen premies, hoofdzakelijk om zichzelf te beveiligen tegen de voorrangspositie van banken bij faillissementen. Die premies brengen ze naar een verzekeringsmaatschappij die mede-eigendom van de banken is. En als die verzekeringsmaatschappij de risico's en de premies te hoog inschaalt, dan steken de banken het te veel betaalde op zak. Leven is dienen.

Je kunt de zaak nog een kwartslag draaien, dan ziet het er zo uit: met al dat verzekeren doen bedrijven niets anders dan van hun eigen geld de banken verzekeren tegen het faillissement van zichzelf. Bedrijven zijn namelijk gewone bankklanten. Banken zijn geldleveranciers. Wat is plezieriger voor een leverancier dan dat zijn klanten zich tegen hun eigen bankroet verzekeren? Zo bezien is de NCM een garantiefonds voor banken, opgericht door banken en volgestort met geld van slachtoffers van banken. Zeldzaam, zulke fondsen!

We zullen eerst de nadelen van onze eerste nationale kredietverzekeraar opsommen, daarna wat voordelen. De NCM heeft een monopolie. Daaruit vloeit op natuurlijke wijze veel narigheid voort: zij maakt misbruik van haar positie door informatie af te dwingen en zij maakt misbruik van haar positie door geld af te persen. Doordat ze zoveel misbruik maakt versterkt ze haar macht voortdurend – geen ongewoon verschijnsel bij monopolisten. De gedupeerden besluiten dat ze zich beter aan hun vijand kunnen overgeven dan dat ze door hem worden geslacht. De NCM mocht zich de afgelopen vier jaar dan ook verheugen in een groei met iets minder dan honderd procent.

Een kredietverzekeraar kan niet functioneren zonder informatie over bedrijven tegen wier wanbetaling hij andere bedrijven heeft verzekerd. Hij wil weten wanneer hij tegen de verzekerden moet zeggen: uw afnemer vertoont de neiging ineen te storten. U kunt nu beter niet meer leveren.

Die informatie haalt de NCM op twee plaatsen. Ten eerste bij de verzekerde leveranciers zelf. De verzekerden zijn namelijk verplicht het aan de NCM te melden als hun klant zijn rekeningen niet op tijd betaalt. De NCM zegt dat zij deze informatie strikt vertrouwelijk behandelt maar dat is gelukkig niet waar. De maatschappij gebruikt die informatie om al haar verzekerden tijdig te kunnen toeroepen: staakt alle leveranties! Doorleveren is uw eigen risico! Die tijdige waarschuwing is van groot belang voor de leveranciers, die zo hun stapel onbetaalde rekeningen laag houden. In het belang van alle aangesloten bedrijven blijft de informatie niet vertrouwelijk. De NCM voorkomt dat wordt doorgeleverd aan failliete bedrijven.

De NCM weet gewoonlijk beter hoe de verzekerden er voor staan dan die verzekerden zelf. Voor de NCM is de positie van aangesloten bedrijven zo helder als glas. Zij kijkt als het ware dwars door bedrijven heen naar hun afnemers, en zo mogelijk naar de afnemers van hun afnemers. Een voorbeeld: zelf hebben baksteenbakkers Cornelis Kei & Zonen er nog geen weet van, maar de afnemer van hun afnemer is zeer achterstallig met betalen. Die man gaat failliet, dat staat wel vast. Dat faillissement zal Kei's afnemer markt en geld kosten. En omdat de afnemer daardoor minder spullen nodig zal hebben, ligt de narigheid korte tijd later op de stoep van Kei & Zonen. De NCM heeft daar alvast rekening mee gehouden: zij nam al minder leveranties op Kei & Zonen in verzekering.

Ten tweede wint de NCM informatie in bij niet-verzekerde bedrijven. Niet dat onverzekerden graag het achterste van hun tong laten zien, maar de sancties die de NCM achter de hand heeft, zijn niet van dien aard dat iemand bij zijn volle verstand lang zou aarzelen haar wensen in te willigen. Wanneer de NCM twijfelt aan de kredietwaardigheid van een bedrijf kan zij de verzekering op dat bedrijf stopzetten – zoals in het geval van de Heidemaatschappij. Zij neemt dan geen enkele leverantie meer in verzekering. Wie aan zo'n bedrijf wil leveren, doet dat alleen nog op eigen risico. Gewoonlijk stoppen de aangesloten leveranciers dan met leveren. En gewoonlijk, zo erkent ook de NCM zelf, gaat kort daarna de afnemer failliet. Dat is een zware sanctie.

Ook wanneer het op betalen aankomt, maakt de NCM misbruik van haar machtige positie. Neem de willekeurige groothandel Jansen. Jansen gaat failliet. Na enige tijd richt hij een geheel nieuw bedrijf op: Pietersen. Op Jansen heeft de NCM vijf ton verloren. Bij Jansen was incasseren niet gelukt, nu meldt de maatschappij zich bij Pietersen. Zij zegt niet: luister, Pietersen, als jij niet als de donder die vijf ton aan mijn klanten terugbetaalt ziet het er beroerd voor je uit. Dan verzekeren wij jouw leveranciers niet en bespaar je dan je heropeningsfeestje maar, want leveranciers zul je niet vinden. In de eerste plaats ben je nieuw en in de tweede plaats ben je al eens failliet gegaan. Daar houden leveranciers niet van. Dus, kerel, kom tot inkeer en geef ons die vijf ton.

Dat zegt de NCM niet. Zij zegt: meneer Pietersen. Wij zouden het zeer op prijs stellen als u ons die vijf ton, die wij op uw economische eenheid hebben verloren, terugbetaalt. Wij zijn namelijk geneigd uw oude economische eenheid en uw nieuwe economische eenheid als een en dezelfde economische eenheid te beschouwen. Dan weet Pietersen genoeg. Hij betaalt. Onredelijk is het niet dat de NCM alsnog betaling afdwingt maar er zitten ook enkele nadelen aan, waarover dadelijk meer.

Onder dreiging betaling afdwingen gebeurt niet alleen bij heropgerichte bedrijven, maar ook bij ondernemingen die worden gesplitst in een sterfhuis dat sluit en een herenhuis dat wordt opgericht. Het zijn meestal niet de NCM-klanten die tussen het piëteitsvol opgebaarde cliënteel in het lijkenhuisje achterblijven.

Eigenlijk is het niet erg dat de NCM oude schulden alsnog probeert te innen. Op die manier zijn ondernemers niet gevrijwaard van hun schulden aan leveranciers zodra het doek over hun bedrijf valt. Ze worden erdoor achtervolgd – een beveiliging tegen onverantwoord grote schulden maken. Ook West-Duitsland en Italië kennen dat systeem. Met dit verschil dat het daar in de wet is opgenomen, terwijl het hier ondershands gebeurt. In West-Duitsland en Italië profiteren bovendien álle leveranciers ervan. In Nederland alleen de NCM, ten koste van de onverzekerden.

Het is jammer dat de NCM dat deel van haar beleid nooit aan de grote klok heeft gehangen. Want het nuttige ervan is natuurlijk de preventieve werking: ondernemers die vooraf weten dat ze zo moeilijk van hun schulden afkomen, zullen minder gauw onverantwoord grote schulden maken. Terwijl het onderonsje achteraf dat de NCM organiseert, alleen maar leidt tot extra veel debâcles onder de heroprichters.

125

De maatschappij kan ook onderpanden nemen, ter vergemakkelijking van het incasseren achteraf. De zekerheden die de maatschappij opeist, zijn vaak garanties van moeder- of zusterbedrijven. Zo kan het voorkomen dat zij bij een heel ander bedrijf aanbelt om de vorderingen op een failliet bedrijf te laten verzilveren. Daar is niets op tegen, alleen komt dit de banken weleens slecht uit. In dat geval ontpopt de NCM zich als een bancair hulpinstrument. Op verzoek van de banken laat zij het innen van de schulden dan achterwege, of draagt ze tegen betaling aan de banken over.

Hierbij moet wel worden bedacht dat de gunsten die de NCM in de vorm van zekerheden weet af te dwingen, ten koste gaan van de onverzekerde leveranciers. Deze laatsten zitten in de slechtst denkbare positie. Bij een faillissement komt eerst de bank langs, daarna belt de fiscus aan en vervolgens meldt zich de NCM.

Al die voorkruipers verkleinen de kans dat de leveranciers nog iets van hun onbetaalde rekeningen terugzien. Het standaard-antwoord van de NCM is: 'De onverzekerde leverancier doet er goed aan zich te verzekeren.'

Onverzekerde leveranciers lijden door dit alles veel meer schade op hun omzet dan de NCM. Niet zomaar een beetje meer, maar gemiddeld tweeëneenhalf tot drie keer zoveel. Dat ligt niet uitsluitend aan de machtspositie van de NCM, het komt ook doordat de maatschappij de leveranties die zij in verzekering neemt, selecteert. Weliswaar zegt zij tegen klanten die zich aanmelden: 'U moet uw hele pakket meenemen hoor, we willen niet alleen met de grote risico's worden opgescheept.' Maar toch zijn er onderdelen in dat 'hele pakket' die de NCM er niet bij wil hebben. De risico's op de leveranties die de NCM in verzekering wil nemen zijn dus kleiner dan gemiddeld.

Doordat de NCM de instantie is die bepaalt wanneer een in Nederland gevestigd bedrijf failliet of in surséance gaat –

zij kan ophouden leveranties op het betreffende bedrijf nog langer te verzekeren – heeft zij een interessante mogelijkheid haar marktaandeel nog groter te maken dan het al is. Zij zou het faillissement op zo'n moment kunnen aanvragen dat er geen geld overschiet voor de terugbetaling van de onverzekerde leveranciers. Die zien dan snel in dat verzekeren de moeite loont.

Dat doet de NCM niet; dat zou ook wel erg brutaal zijn. Indirect zou zij daarmee trouwens haar eigen klanten benadelen. Die leveren immers ook aan niet-verzekerden. Wel doet de NCM, in het belang van haar klanten, iets wat precies hetzelfde effect heeft. In het belang van haar klanten zoekt zij een wankel evenwicht tussen haar eigen veiligheid (zij moet straks zien te incasseren) en de wens van haar klanten om zo lang mogelijk te blijven doorleveren. Het resultaat: tegen de tijd dat de onderneming failliet gaat, blijft er voor de onverzekerde leveranciers niets over. Dat is evengoed in het nadeel van NCM-klanten, maar waarschijnlijk hebben ze er nooit bij stilgestaan dat op deze manier een deel van hun eigen klantenkring wordt uitgeroeid.

Het monopolie van de NCM heeft kwalijke kanten, die beter vandaag kunnen verdwijnen dan morgen. Maar het instituut heeft ook voordelen. Als bedrijven meer gebruik gaan maken van kredietverzekering, factormaatschappijen en andere vormen van bescherming, verkleinen ze de risico's van wanbetaling. De sterke positie van de NCM maakt het bovendien mogelijk dat bedrijven op tijd stoppen met leveren. Het nadeel blijft alleen dat veel voordelen ten koste gaan van onverzekerde bedrijven. Voor het grote geheel dat 'bedrijfsleven' heet, treedt daardoor geen verbetering op. Zo blijft de voorspoed van de een tegenslag van de ander.

Daarin komt pas verandering als alle leveranciers, verzekerden en onverzekerden, de leveranties eerder zouden staken.

Al zouden alle bedrijven zich bij de NCM hebben aangesloten, dan nog biedt de maatschappij hun geen bescherming tegen de voorrangspositie van de banken.

Voorlopig zou al veel gewonnen zijn als bedrijven – in navolging van banken – de wereld vaker zouden indelen in overzichtelijke risicocategorieën. A en B voor 'onbeperkt leveren', C en D voor 'normale tot lage kredietlimiet' en E voor 'uitsluiten'. Veel grotere bedrijven doen het al, maar gebruik is het nog niet. Op den duur zou naast een betrouwbaar A t/m D-circuit een onbetrouwbaar E-circuit kunnen ontstaan van schuldenmakers, wanbetalers en avonturiers, waarin een eerbiedwaardige ondernemer even graag wordt aangetroffen als een gemeentesecretaris in een amusementshal. Het klinkt allemaal wat utopisch, maar in theorie ontstaat zo de mogelijkheid dat het rotte deel van de economie steeds verder wordt afgescheiden van de rest. Weliswaar is dat nog steeds geen beveiliging tegen de achterlating van grote schulden, maar wel worden schulden minder willekeurig op andere bedrijven afgewenteld.

16 Bankieren en failleren in de rest van Europa

In de voorgaande hoofdstukken is al ter sprake gekomen dat bedrijven in Nederland bij faillissementen grote verliezen lijden. We hebben aangegeven dat dit komt doordat banken zo'n sterke positie hebben bij faillissementen van bedrijven. In ruil voor krediet geven Nederlandse bedrijven hun hele bezit als onderpand aan de bank. Gaan ze failliet, dan krijgt de bank praktisch de hele opbrengst, zodat er voor de andere schuldeisers niets overblijft.

Wie denkt dat een ondernemer eenvoudig 'nee' kan antwoorden als de bankier onderpanden komt opeisen, vergist zich. Meestal heeft de ondernemer, toen hij in een grijs veleden krediet opnam of kwam afsmeken, aan de bankier moeten beloven dat die altijd, wanneer hij maar wil, in onderpand kan komen nemen wat hem goeddunkt. Als de ondernemer tegenstribbelt, vraagt de bankier: had je nou krediet nodig of niet?

De ondernemer kan het nog eens bij een andere bank proberen, maar dat helpt hem weinig; andere banken blijken er net zo over te denken. Na wat heen-en-weergepraat maken ondernemer en bankier dus de afspraak dat de bank onderpanden kan komen halen wanneer hij maar wil, en wat hij maar wil. Het zijn geen mondelinge afspraken bij een neut en nootjes – alles komt zwart op wit te staan.

Wat zo vreemd is aan de positie van de bank, is dat hij in Nederland zonder uitzondering alles in onderpand mag nemen en verkopen. Ook goederen en produkten die leveranciers hebben afgeleverd maar die nog niet zijn betaald. De leveranciers kunnen er niets aan doen dat hun afnemer failliet gaat. De bank wel.

De bank heeft bovendien al het voordeel dat ze veel

beter kan zien hoe haar klant er voor staat dan de leveranciers. De bank kan kijken wat de onderneming op haar rekening heeft staan. (Zij kan ook zien hoeveel krediet de ondernemer nog bij collega-banken heeft opgenomen.) De leveranciers hebben het moeilijker: die kunnen de financiële gezondheid van hun klanten maar een paar keer – soms maar één keer – per jaar beoordelen aan de hand van jaarverslagen en kwartaalcijfers.

De leverancier rijdt dus aan de voorkant met zijn goederen het bedrijfsterrein op en als zijn klant failliet gaat, rijdt de bank er aan de achterkant mee heen. Wilde achtervolgingen zijn zinloos: de bank heeft gewoonlijk het recht aan haar kant.

Er bestaat één effectieve maatregel die leveranciers kunnen nemen om te voorkomen dat de banken er met hun onbetaald gebleven spullen vandoor gaan. Ze kunnen in het contract met hun klant – voordat die failliet was natuurlijk – afspreken dat ze een voorbehoud maken op het eigendom van de goederen die ze gaan leveren. Als dat in het contract staat blijft de leverancier eigenaar van de door hem geleverde goederen of diensten tot ze betaald zijn. De klant mag ze niet doorverkopen voordat hij ze heeft betaald, en hij mag ze ook niet in onderpand geven aan de banken.

Je vraagt je af waarom leveranciers dan zulke grote verliezen lijden bij het faillissement van hun afnemer, als ze zich zo eenvoudig kunnen beveiligen. Als ze zo'n eigendomsvoorbehoud hebben gemaakt kunnen ze toch gewoon het bedrijfsterrein van de failliete onderneming op rijden en hun spullen weer inladen? Op naar een beter betalende klant. Maar zo eenvoudig gaat het niet. Het voorbehoud kan wel makkelijk worden gemaakt, maar het gaat bijna net zo makkelijk verloren.

In Nederland vervalt het voorbehoud van de leverancier zodra zijn produkten zijn verwerkt in een ander produkt. Dat gebeurt in de praktijk al gauw. Buiten de handel, waar bedrijven de geleverde produkten alleen doorverkopen, worden leveranties bijna per definitie verwerkt in of tot iets anders. Westlandse augurken gaan in slaatjes, watten in teddyberen en trotyl in crapauds.

Zelf hadden wij te maken met tekst die verwerkt zou worden tot een boek. Een boek is, bleek ons al gauw, iets anders dan 150 typefoutvrije vellen A-4. Zelfs de alternatieve boekhandel brengt een kaftloos stapeltje losse vellen ('het gaat om de inhoud') niet dan met de grootste tegenzin aan de man. Voor ons geen eigendomsvoorbehoud, op auteursrecht is het niet van toepasing

(Weet, leverancier, dat ook anderen zulke onderwerpen slechts mild hyperventilerend bij hun afnemer ter sprake brengen. Relatiebehoudend eigendomsvoorbehoud en soortgelijks eisen tact en volharding). De Nederlandsche Credietverzekering Maatschappij informeerde of 'de vordering ook de twee miljoen gulden per jaar zal overschrijden?' Anders kon zij ons helaas niet in verzekering nemen. Wilt dus flink doorlezen lezer, u hebt nog éénmiljoennegenhonderdvijfennegentigduizend exemplaren te gaan.

Het is voor Nederlandse leveranciers niet makkelijk zich goed te beveiligen tegen wanbetaling in faillissementen. Het eigendomsvoorbehoud heeft maar een beperkte werking, de NCM gaat selctief te werk en is voor veel bedrijven te duur. Omdat leveranciers het nogal onrechtvaardig vinden dat ze hun goederen niet alleen niet betaald, maar ook niet terug krijgen, kan men in Nederland leveranciers 's nachts met dimlicht naar hun failliete klant zien rijden, de deur van de werkplek forceren en het door hem geleverde geruisloos inladen en afvoeren. Vaak treft hij op de vloer medeleveranciers aan, rondsluipend op zoek naar het hunne.

De vraag die zich opdringt is: is dit normaal? Gaat dat in het buitenland ook zo? Die vraag zullen we hier proberen te beantwoorden. Niet zonder eerst de Association Européenne des Praticiens des Procédures Collectives (zeg maar AEPPC) te bedanken, die op een bijzonder gelukkig gekozen moment, namelijk vlak voordat we met het onderzoek begonnen, het *European Insolvency Practioners Handbook* liet verschijnen. Naast dit prijzige handboek hebben we gebruik gemaakt van de *European Insolvency Guide* van de internationale accountantsmaatschap Touche Ross. Hoewel deze lang niet alles bevatten wat we zochten, zijn dit toch belangrijke bronnen geweest.

Vooraf nog dit: we hebben bij het beoordelen van de positie van leveranciers in andere landen proberen te letten op alle mogelijke vormen van bescherming die de wet biedt. De belangrijkste die we hebben kunnen vinden zijn te verdelen in directe en indirecte. Een voorbeeld van van indirecte bescherming van leveranciers is de verplichting voor de ondernemer om zijn eigen faillissement aan te vragen zodra hij ziet dat zijn schulden de waarde van zijn bezittingen overtreffen. Om effectief te zijn moeten daar dan wel strafsancties op staan.

Ook beschermend werkt een straf op het aangaan van grote leningen of het afsluiten van onvoordelige transacties als dat gebeurt met het doel het faillissement vooruit te schuiven in afwachting van betere tijden. Een voorbeeld van directe bescherming is het eigendomsvoorbehoud.

België heeft een hele bijzondere, en waarschijnlijk zeer effectieve beveiliging van leveranciers. De truc is deze: wie aan een Belgisch bedrijf iets leent – dat kan ook de leverancier zijn – krijgt van dat bedrijf een wissel. Op de wissel staat hoe groot het krediet is en wanneer het moet worden afgelost. Gewoonlijk is de termijn één maand. De leverancier wiens afnemer zich niet aan de datum op de wissel houdt, is verplicht die achterstalligheid te melden aan de plaatselijke Kamer van Koophandel, die hiervan lijsten publiceert. De achterstalligheid wordt nauwkeurig bijgehouden. Zodra de Kamers deze te groot vinden worden vragen zij het faillissement van de onderneming aan.

Dank zij de publikatie van achterstalligheid kunnen de andere leveranciers zien welke bedrijven achter zijn met betalen. De publikatieplicht voor Belgische bedrijven gaat verder dan voor hun Nederlandse collega's.

Het nemen van onderpanden op een moment waarop de onderneming al staat te wankelen is verboden. De rechtbank stelt vast wanneer een verantwoordelijk zakenman had horen te zien dat de schulden van de onderneming de bezittingen overtroffen. Alle transacties die vanaf dat moment zijn gedaan worden gezien als benadeling van de andere schuldeisers. Ze worden automatisch ongeldig verklaard en teruggedraaid. In principe geldt dit ook nog voor transacties (of het geven van zekerheden) tot een half jaar vóór die datum. Of de wederpartij wist dat zijn handelspartner insolvent was doet er niet toe. Een krachtige beveiliging.

Het is de directie en de managers van het bedrijf verboden de zaken voort te zetten nadat de schulden van de onderneming de bezittingen overtreffen. Doen ze dat toch, dan kunnen ze persoonlijk aansprakelijk worden gesteld voor de schade die schuldeisers hierdoor lijden. Daarnaast is de directie verplicht de aandeelhouders publiekelijk op de hoogte te stellen, als de helft of meer van het aandelenkapitaal van het bedrijf is weggesmolten. De vergadering is tegelijk een signaal voor de leveranciers. Verzuimt de directie een vergadering uit te schrijven dan kan zij persoonlijk aansprakelijk worden gesteld voor (een deel van) de schulden.

Een verdere bescherming van de leveranciers is dat banken weliswaar grote, niet geïdentificeerde delen van het bedrijf in zekerheid mogen nemen, maar dat ze niet meer dan vijftig procent van de opbrengst van de voorraden mogen krijgen. De mogelijkheden voor banken om zich te verhalen op goederen van de leveranciers zijn dus beperkt. Hun belangrijkste onderpanden zijn onroerend goed.

Daarnaast hebben Belgische leveranciers de gewoonte

hun wissels aan de bank te geven, in ruil voor krediet. Dit kan al zodra de leverancier de wissel in ontvangst heeft genomen, mits hierover vooraf een afspraak met de bank is gemaakt. Vaak verhuist daarna het risico dat de wissel niet betaald wordt naar de bank. De Belgische leverancier krijgt dus veelal meteen geld en is vaak ook van het risico van wanbetaling verlost. Als de bank weinig andere verhaalmogelijkheden heeft, zal ze in de eerste plaats proberen niet méér krediet op die wissels te geven dan ze waard zijn. In de tweede plaats is het in haar belang om ook het bedrijf dat de wissels heeft uitgeschreven (de afnemers van zijn klant) niet teveel krediet te geven – dan brengen immers later die wissels van diens leveranciers niets meer op.

De Belgen kennen wel een eigendomsvoorbehoud, dat echter in veel gevallen bij faillissement vervalt. Wel krijgt degene die zo'n voorbehoud had gemaakt een voorrangsrecht: als hij zijn claim binnen een week aanmeldt, betaalt de curator hem met voorrang uit de opbrengst van zijn goederen. Al met al genieten Belgische bedrijven naar onze mening een betere bescherming dan in veel andere landen. De schulden die Belgische ondernemingen achterlaten aan hun leveranciers zijn gemiddeld lager dan in de andere door ons onderzochte landen. De door ons berekende vernietiging van bruto nationaal produkt die door faillissementen optrad lag voor België in de jaren 1979, 1980 en 1981 op respectievelijk 0,13%, 0,15% en 0,17% Daarmee was de door faillissementen veroorzaakte vernietiging in België bijna zeven keer zo klein als in alle andere door ons onderzochte landen.

Italië heeft systeem van beveiliging dat sterk afwijkt van dat in andere onderzochte landen. Hier is de ondernemer verplicht zijn eigen faillissement aan te vragen zodra hij niet meer in staat is zijn rekeningen te betalen. Doet hij dat niet, en vraagt een leverancier het aan, dan is het faillisse-

ment 'gedwongen'. Een gedwongen faillissement is frauduleus. De directie bekoopt haar afwachtende houding
met zes maanden tot twee jaar celstraf. Voor het sluiten
van onvoordelige transacties en het aangaan van schulden
om het faillissement vooruit te schuiven geldt hetzelfde.
De ondernemer die niet voor crimineel wil doorgaan
vraagt dus op tijd zijn faillissement aan. Alleen dan wordt
hij na afsluiting van het faillissement door de rechter gerehabiliteerd.

Waarschijnlijk is dat de oorzaak dat in Italië in 7% van
de faillissementen geld overblijft nadat alle schuldeisers
zijn betaald. In dat geval vertrekt de curator zodra iedereen – hijzelf ook – zijn geld heeft gekregen. Zodra de pro-
cedure is afgesloten kan de ondernemer 'civiele rehabilita-
tie' vragen aan de rechter. Hij wordt dan uit de openbare
faillissementsregisters geschrapt. De ondernemer wordt
ook gerehabiliteerd als hij een akkoord met zijn schuldeisers weet te treffen. De wet schrijft voor dat hij zijn schuldeisers dan minimaal 25 procent van hun rekeningen moet
voldoen.

Tenslotte worden de schuldeisers beschermd doordat de
curator het faillissement van dochtermaatschappijen op
eigen houtje mag uitbreiden naar moeder- en zusterbedrijven met een onbeperkte aansprakelijkheid voor de failliete
onderneming.

Alle bedrijven behalve de eenmansbedrijven moeten
een jaarverslag publiceren. Dit geldt nu voor de hele EG,
maar in België en Italië is het al geruime tijd van kracht.
Daarnaast biedt de wet veel mogelijkheden om de directeuren en managers van de failliete onderneming aansprakelijk te stellen voor 'verwaarlozing' of bijvoorbeeld voor
het ten onrechte verstrekken van zekerheden.

De periode voor 'verdachte transacties' die schuldeisers
in het faillissement kunnen benadelen, zoals het geven van
onderpanden als het bedrijf al wankelt, varieert voor de
verschillende transacties, maar is gemiddeld langer dan

het half jaar in België of de veertig dagen in Nederland. De Italiaanse wetgever is op dit punt tamelijk streng. Zij gaat er bijvoorbeeld van uit dat zekerheden die kredietverleners hebben gekregen in de twee jaar voorafgaand aan het faillissement, een bewuste benadeling van de andere schuldeisers zijn, tenzij het tegendeel kan worden bewezen.

Dat is andere koek dan de Nederlandse, waar banken tot kort voor het faillissement nog onderpanden nemen en nog vrijuit gaan ook!

Onze indruk is dat de Italiaanse leveranciers goed worden beveiligd tegen het faillissement van hun afnemers. De door ons berekende schulden die gemiddeld werden nagelaten per failliet bedrijf waren hier iets groter dan in België, maar kleiner dan in de andere onderzochte landen. De hoeveelheid bruto nationaal produkt die werd vernietigd in faillissementen lag iets boven België, maar onder de andere landen. Deze bedroeg in de jaren 1979 tot en met 1983 respectievelijk 0,18%, 0,18%, 0,18%, 0,22% en 0,20%. De opgetreden verliezen waren daarmee bijna vijf keer zo klein als in Nederland.

Over Engeland kunnen we kort zijn: tot 1979 waren de leveranciers geheel overgeleverd aan de genade van de banken. De banken konden in principe alles in onderpand nemen, ook onbetaald gebleven goederen van de leveranciers. Naast onderpanden die nauwkeurig zijn omschreven ('fixed charges') bestaat er een 'floating charge': een zekerheid die zonder verdere specificaties het hele bedrijf kan omvatten. De kat lag hier dus net als in Nederland bovenop het spek. De bankkredieten waren overvloedig, in faillissementen bleef voor leveranciers gewoonlijk niets over.

Engeland kent al langere tijd een paar vormen van indirecte beveiliging, maar zolang de bank zo'n sterke positie bekleedde, hadden de leveranciers daar waarschijnlijk weinig aan. Een ervan is een wettelijk verbod op het vooruitschuiven van het faillissement. De ondernemer is niet verplicht zijn eigen faillissement aan te vragen zodra zijn schulden groter zijn dan de waarde van zijn bezittingen, maar wel is hij in overtreding als hij nadien nog schulden aangaat, of zaken blijft doen. Directieleden kunnen daarvoor persoonlijk aansprakelijk worden gesteld. Als bewezen wordt dat ze nog schulden hebben gemaakt toen ze eigenlijk al failliet waren, moet de directie die uit eigen zak terugbetalen aan de failliete onderneming. (Wie zich bezorgd afvraagt hoeveel veren je van een kale kip plukt moet bedenken dat er zoiets bestaat als een aansprakelijkheidsverzekering voor directeuren. 'Uit eigen zak' kan ook uit de zak van de verzekeraar betekenen.) De directie van BV's is verplicht de aandeelhouders bij elkaar te roepen zodra de helft van haar aandelenkapitaal op is.

Blijkens de cijfers bood dat de leveranciers allemaal nog niet veel bescherming. In 1979 is in Engeland echter een belangrijke beschermende maatregel van kracht geworden. Toen werd met de 'Sale of Goods Act' het eigendomsvoorbehoud ingevoerd. Opeens steeg de leverancier op het ranglijstje van schuldeisers van kale-kippeplukker naar haantje de voorste. Hij werd preferent en kon zijn onbetaald gebleven goederen terughalen. Dat was een hoger toontje. De voordelen van het eigendomsvoorbehoud worden allengs ontdekt – en de beperkingen ook.

Het Engelse voorbehoud is niet zo verstrekkend als het Westduitse, maar zo kort als het Nederlandse. Het vervalt zodra het produkt wordt verwerkt in een ander produkt.
Wil de leverancier zijn produkten terug kunnen halen, dan moeten ze 'identificeerbaar' zijn. De rechter heeft uitgesproken dat iets identificeerbaar is zolang de leverancier het weet los te peuteren zonder het produkt – of zijn eigen onderdeel – te beschadigen. De Britse ondernemer test de reikwijdte van die uitspraak nog met breekijzers en blikopeners. Het voorbehoud vervalt ook zodra de geleverde goederen zijn verwerkt in onroerende goederen. Bakstenen

in een huis bijvoorbeeld, kan de leverancier niet goed terugnemen zonder het eindprodukt te beschadigen.

Overigens zijn de Engelsen blij dat de positie van de heren met 'floating charges' wat wordt afgezwakt. Er bestond veel kritiek. Het 'UK Insolvency Law Review Committee' dat sinds 1982 wetswijzigingen voorbereidt, heeft dan ook aanbevolen dat minimaal 10 procent van de netto opbrengst van de floating zekerheden wordt uitgedeeld aan de overige schuldeisers.

In de door ons berekende cijfers van door Engelse bedrijven achtergelaten schulden wordt de invoering van het eigendomsvoorbehoud duidelijk weerspiegeld. Voor de invoering lag het door faillissementen vernietigde deel van het bruto nationaal produkt op 1,03% (1978). Al in het eerste jaar zakte het terug naar 0,23% (1979). Voor de daarop volgende jaren waren de cijfers: 0,14% (1980), 0,50% (1981), 0,71% (1982) en 0,58% (1983). De verleizen uit faillissementen waren gemiddeld tweeën een half keer zo klein als in Nederland.

Met onze belangrijkste handelspartner, West-Duitsland, blijken we het iets beter te hebben getroffen dan met onszelf. Wie aan een Duits bedrijf levert, geniet nog steeds een betere bescherming dan hier ten lande. In Duitsland heeft de leverancier niet alleen de mogelijkheid een voorbehoud te maken op het eigendom van zijn goederen totdat die zijn betaald. Hij heeft bovendien een voorbehoud dat – anders dan in alle andere onderzochte landen – intact kan blijven als zijn produkten worden verwerkt tot een ander produkt. Duitsland kent een zogeheten verlengd eigendomsvoorbehoud. Het strekt zich uit over nieuwe produkten, die de leverancier niet heeft geleverd.

De leverancier die toestemming geeft om zijn produkt te laten verwerken wordt, als hij daarom vraagt in de contracten aangemerkt als 'medeproducent'. Met die hoed op heeft hij recht op een deel van de opbrengst van het eindprodukt.

Het voorbehoud kan zich ook uitstrekken tot degene aan wie het failliete bedrijf de goederen heeft doorverkocht. Onder bepaalde voorwaarden moet de nieuwe eigenaar de goederen aan de eerste leverancier betalen, zelfs als hij ze al had betaald aan het failliete bedrijf.

De schulden die Duitse bedrijven in faillissementen nalaten zijn gemiddeld groter dan in België, Italië en Engeland, maar liggen onder de Nederlandse en vermoedelijk ook onder de Franse. De hoeveelheid bruto nationaal produkt die verloren ging als gevolg van faillissementsschulden lag in de jaren 1979-1983 gemiddeld op 0,44%. Dat was altijd nog de helft van het Nederlandse percentage.

Voor de Franse faillissementswet waren oorspronkelijk alle crediteuren gelijk – net als in Nederland. Mettertijd is dat principe echter uitgehold door een hele stapel voorrangsrechten – net als hier. Frankrijk heeft honderdtachtig verschillende voorrangsrechten. Tot voor kort had men kunnen zeggen dat in Frankrijk iedereen een voorrecht had, behalve de leverancier. Die werd als laatste uitgekeerd en ontving dus gewoonlijk niets.

In 1980 werd de positie van de leveranciers sterk verbeterd, toen ook Frankrijk in het kader van de Europese eenwording het eigendomsvoorbehoud invoerde. Sindsdien blijven de leveranciers die een voorbehoud hebben gemaakt eigenaar van hun goederen tot ze volledig zijn betaald. Het Franse voorbehoud is kort, wat wil zeggen dat het vervalt wanneer goederen van de leverancier worden verwerkt in andere roerende of onroerende goederen. In dat geval gaat de opbrengst naar de groep van honderdtachtig voorkruipers.

Net als in Engeland wordt de reikwijdte van het voorbehoud nog steeds getoetst aan de mening van de rechter. Voorlopig houdt die het erop dat leveranciers hun produkten alleen mee terug mogen nemen als ze te identificeren zijn. De leverancier moet er zelf voor zorgen dat identificatie mogelijk is.

Frankrijk kent daarnaast enkele andere vormen van leveranciersbeveiliging. Hoewel er weinig jurisprudentie over bestaat, wordt wel aangenomen dat de bank in sommige gevallen aansprakelijk kan worden gehouden als deze de kredietverstrekking heeft voortgezet terwijl het bedrijf al failliet was en de overige schuldeisers erdoor benadeeld werden, door de schijn van kredietwaardigheid.

Het Franse faillissement is niet in de eerste plaats gericht op terugbetaling van de leveranciers, maar op het zo mogelijk voortzetten van het bedrijf. De overheid stimuleert voortzetting door middel van subsidies voor tijdelijk 'crisismanagement' voor wankelende en failliete bedrijven. Ook curatoren proberen de failliete onderneming in leven te houden. Ze zoeken daartoe een bank die bereid is de kredietverlening aan de failliete onderneming voort te zetten. Er zijn banken die hierin zijn gespecialiseerd. De bank stelt gewoonlijk de voorwaarde dat ook de leveranciers hun handelskrediet voortzetten. De leveranciers gaan daar grif mee akkoord – zij hadden anders toch niets gekregen en nu is er een kans dat ze hun klant behouden. Misschien dat ze zo in de toekomst toch nog iets van hun onbetaalde rekeningen terugzien. Gewoonlijk vragen de leveranciers tijdens het faillissement wel contante betaling. In ruil daarvoor peutert de curator nog eens een korting van 2 tot 3 procent bij hen los.

Het lijkt er op dat het Franse systeem bedrijven in staat stelt hun schulden aan leveranciers hoog op te laten lopen. Wij vermoeden dan ook dat de schulden die failliete Franse bedrijven aan hun leveranciers nalaten, groter zijn dan in de andere onderzochte landen. Helaas is deze veronderstelling niet met cijfers te onderbouwen. Het Franse bureau voor de statistiek was het enige dat geen landelijke cijfers over in faillissementen nagelaten schulden bijhoudt.

Het materiaal dat wel beschikbaar was – alleen de grote bedrijven in de regio Parijs die hun eigen faillissement hebben aangevraagd – leken een aanwijzing voor grote schulden te zijn, maar waren toch te gebrekkig om een definitieve conclusie op te baseren.

De Nederlandse situatie is inmiddels bekend: de positie van de leveranciers is om te huilen. Het eigendomsvoorbehoud is kort, er zijn geen grenzen aan de mogelijkheden voor banken om onderpanden te nemen; het vooruitschuiven van het faillissement en zaken doen met een negatief eigen vermogen zijn schering en inslag. De banken verlenen zoveel krediet en nemen zoveel onderpanden dat niet alleen de leveranciers onbetaald blijven maar vaak ook degenen die nog met voorrang worden terugbetaald, zoals fiscus en bedrijfsvereniging. Van alle onderzochte landen trad in Nederland de grootste vernietiging op ten gevolge van faillissementen.

17 Verzorgingsstaat voor ondernemingen

Vanaf 1981, en eigenlijk al eerder, heeft de Nederlandse overheid het bedrijfsleven gestimuleerd tot de belastingbetaler een ons woog. De resultaten waren mager: het aantal faillissementen bleef hoog, de werkloosheid eveneens en nieuwe bedrijven kwamen maar moeilijk op gang. Dit hoofdstuk gaat over steun, stimulering, subsidies, schenkingen en andere genietingen waarmee de Nederlandse overheid de veelgeplaagde bedrijven het leven wil verzachten en verlengen.

Eerst een korte situatieschets. Een zuiver duale economie – waarbij het exporterende bedrijven voor de wind gaat terwijl bedrijven die het van de binnenlandse markt moeten hebben verkommeren – bestaat eigenlijk niet. Er zijn natuurlijk bedrijven die uitsluitend exporteren en andere die alleen voor de binnenlandse markt werken. Maar veel bedrijven hebben een deel van hun afnemers in het binnenland en een ander deel in het buitenland.

In zo'n economie profiteren de binnenlandse leveranciers mee als hun afnemer zijn export weet op te voeren: hij bestelt meer. En natuurlijk profiteren de leveranciers van die leveranciers daar op hun beurt van mee. En de leveranciers-van-de-leveranciers-van-de-leveranciers. En zo verder. Komen alle bedrijven aan de beurt? Nee. Een echt communicerend vat is het niet, want er zijn ook bedrijven die uitsluitend de binnenlandse consument bedienen. Maar dat de uitstraling van een florerende export bestaat, daar is iedereen het over eens.

Vreemd genoeg hebben politici en bankiers moeite met het inzicht dat het omgekeerde evengoed opgaat. Toch is dat zo. BV de Stalen Keukenmeid stelt uit onderdelen die zij van verschillende binnenlandse leveranciers betrekt, mechanische roomkloppertjes samen. Helaas is dit produkt de laatste jaren sterk in onbruik geraakt. Op een enkele romantische kamerbewoner na koopt niemand meer zoiets. Stalen Keukenmeid failleert. Zij laat een schuld van twee miljoen gulden na bij de bank en een van één miljoen bij haar leveranciers. De bank heeft het bedrijfsgebouw in onderpand én de laatste voorraad roomkloppertjes, die ze nog goed weet te verkopen aan huisvrouwen in Etten-Leur.

De bank lijdt geen verlies, de leveranciers een van één miljoen. Ze verliezen bovendien een afnemer. Bedrijven die afnemers verliezen, hebben minder spullen nodig van hun leveranciers. De leveranciers lijden dus mee. Ze verkopen minder, dus hoeven ze op hun beurt minder in te kopen. De leveranciers-van-de-leveranciers lijden dus ook mee.

Intuïtief zou je veronderstellen dat andere bedrijven de markt van hun failliete collega's overnemen. Het enige resultaat zou een herverdeling zijn van het afzetgebied door de concurrenten van de failliete onderneming. Onder normale omstandigheden gebeurt dat inderdaad. Maar niet in een faillissementsgolf die het gevolg is van overdadige kredietverlening door de banken.

De directe aanleiding tot het faillissement van de leverancier is dan het faillissement van diens afnemer. Aanleiding tot het faillissement van de afnemer was het faillissement van diens afnemer, enzovoort. In dat geval waren de afzetgebieden al verdwenen voordat de onderneming failliet ging. Er viel niets te verdelen voor de concurrentie.

In dit voorbeeld dankt het bedrijf zijn eigen bankroet aan dat van zijn afnemer. Er zijn ook andere manieren om failliet te gaan.

Voor Stalen Keukenmeid gold bijvoorbeeld dat haar produkt verouderd was. Voor concurrenten met een eigentijdsere aanpak valt dan misschien wél iets te verdelen. Ook de leveranciers zijn dan minder slecht af: zij kunnen nu aan wijlen Keukenmeids concurrenten gaan leveren. Wat niet wegneemt dat Keukenmeid bij haar faillissement dank zij de overdadige kredietverlening door de bank grote schulden aan haar leveranciers heeft achtergelaten. En als haar leveranciers de klap niet kunnen opvangen, sleurt Stalen Keukenmeid ze mee haar graf in.

Men moet hierbij goed in de gaten houden dat 37% van de produkten die Nederlandse bedrijven fabriceren, niet naar de consument gaat maar naar andere bedrijven. De consumentenmarkt is maar een klein deel van de totale markt. Vallen er bedrijven weg dan valt er marktgebied weg. Valt er marktgebied weg dan vallen er bedrijven weg en daarmee is de cirkel rond.

Zolang de consument prijs stelt op het eindprodukt zal het wel in de winkels blijven liggen. Maar wat de koper niet ziet is dat steeds meer onderdelen ervan - op den duur het hele produkt – uit het buitenland komen.

Merk op, lezer, dat het er in feite niets toe doet wat de aanleiding tot een faillissement is. Hogere lonen, duurdere energie, verscherping van de concurrentie – iedere bedrijfstak heeft zo zijn eigen zorgen. Waar het om gaat is de overkreditering door de banken. Zodra banken zoveel lenen dat de waarde van het failliete bedrijf tekort schiet om ook de andere schuldeisers ervan terug te betalen, worden er schulden nagelaten. Vanaf dat moment krijgen faillissementen een nasleep. Als de overkreditering maar groot genoeg is, kunnen een paar verspreide faillissementen de stoot geven tot het omvallen van een hele keten bedrijven die allemaal schulden achterlaten. Het manco van de een stapelt zich op het manco van de ander. Er ontstaat een schuldengolf die voldoende sterke financiële buffers zoekt om haar te kunnen absorberen.

Hoe overvloediger de kredietverlening en hoe hoger dus de schulden die failliete bedrijven nalaten, des te langer is de keten van faillissementen. En hoe langer de keten van faillissementen, des te harder zijn de klappen die gezonde bedrijven moeten incasseren. Want uiteindelijk moet die hele afgewentelde schuld terechtkomen bij bedrijven die recht overeind blijven staan en de klap van faillerende leveranciers kunnen absorberen zonder zelf óók om te vallen. Uiteindelijk lijden dus ook de gezonde bedrijven schade als de banken zich schuldig hebben gemaakt aan overkreditering. Zij absorberen de nagelaten schulden.

Faillissementen die het gevolg zijn van overkreditering veroorzaken marktverlies voor andere bedrijven. Niet alleen de vloed van faillissementen maakt het moeilijk compensatie voor wegvallende omzet te vinden. Er is nog een ander probleem. Twee categorieën bedrijven worden in een faillissementsgolf onevenredig zwaar getroffen. Dat zijn bedrijven met weinig afnemers en bedrijven met een kleine financiële buffer. Die twee dingen zijn nu juist karakteristiek voor nieuwe ondernemingen. Nieuwe bedrijven – toch al kwetsbaar – lopen een groter risico met hun klant te worden meegesleurd. Niet alleen verdwijnen er dus bestaande afzetgebieden, ook wordt de opkomst van nieuwe bedrijven en nieuwe markten onnodig bemoeilijkt.

Wanneer naar de Nederlandse economie als geheel wordt gekeken, waren er in de jaren 1980-1984 twee tegengestelde krachten aan het werk. Het bedrijfsleven is te zien als een netwerk van aan elkaar toeleverende bedrijven. Elk bedrijf is tegelijk leverancier en afnemer: hij koopt en hij verkoopt. Direct of langs een omweg staan alle bedrijven met elkaar in verbinding: ze hebben allemaal wel een of meer leveranciers of afnemers gemeen. (Ze hebben allemaal dezelfde energieleverancier, om iets te noemen.)

Aan de rand van het netwerk staan de bedrijven die leveren aan buitenlandse afnemers, aan de consument en aan de overheid. Deze bedrijven gaat het voor de wind, omdat hun afnemers goed van betalen zijn, niet of niet gauw failliet gaan en geen of weinig schulden nalaten. In het hart van het netwerk zit wat je 'het Gat van Nederland' zou kunnen noemen. Daar woedde in de jaren 1979-1985 een faillissementsgolf onder bedrijven die niet exporteerden, niet aan de consument leverden en ook niet aan de overheid. Deze bedrijven leverden aan elkaar. Zij zaten tot over hun oren in het krediet, gingen daardoor veel sneller failliet en lieten daarbij grote schulden achter aan hun leveranciers. Die failleerden daardoor ook sneller. Dit waren de slachtoffers van de Nederlandse banken.

Bedrijven die leverancier waren van groeiende exportbedrijven konden hun afzet vergroten. Bedrijven die leverancier waren van faillerende binnenland-producenten daarentegen, zagen hun afzet krimpen of wegvallen. En alle ondernemingen daartussen, die zowel aan florerende exporteurs leverden als aan faillerende binnenland-producenten, zagen de omzetgroei die ze aan hun ene klant dankten weer geheel of ten dele ongedaan gemaakt door omzetverlies dat ze opliepen bij hun andere klant.

Op deze manier kan ook de enorme stijging van de Nederlandse import worden verklaard. Veel bedrijven die in de periode 1980-1984 failleerden, werkten direct of met een omweg voor exporterende bedrijven. Zodra de exporteurs hun produkten of onderdelen niet meer in Nederland kunnen krijgen, kopen ze die over de grens. De import steeg in de eerste helft van 1985 harder dan de uitvoer en bereikte een recordniveau. Overigens steeg gelukkig ook de export naar nieuwe hoogten; rampzalig is het voorlopig dus niet. Althans niet zolang de bollen- en tomatenoogst goed is. Maar oppassen geblazen is het wel – nog een paar van die faillissementsgolven en Nederland verhandelt alleen nog maar produkten van anderen. Dan zijn we een doorvoermonarchie. Dat is nog minder dan een bananenrepubliek.

De combinatie van te grote kredietverlening en de voorrangspositie van banken in faillissementen heeft de Neder-

146

landse economie in de jaren 1975-1985 beslissend beïnvloed. De gevolgen zijn zo groot geweest dat ze politiek niet meer te beheersen waren: vijfentwintigduizend faillissementen, een kwart miljoen werklozen en een kapitaalvernietiging van twintig miljard. Het aantal faillissementen loopt nu terug, maar zal zeker tot en met 1986 ruim boven het niveau van vóór 1980 blijven liggen.

Tot zover de situatieschets, nu wat de overheid er aan doet. Om de geruïneerde vermogensverhouding van bedrijven weer wat op te knappen, heeft zij de vennootschapsbelasting verlaagd 48 naar 43 %. De vraag is: helpt dat? Het antwoord luidt dat dit helaas niets oplevert omdat nul procent van nul nu eenmaal altijd nul blijft. De gezamenlijke Nederlandse bedrijven betalen namelijk al jaren geen belasting meer. Reken maar mee: in 1983 betaalden bedrijven samen ƒ 6,2 miljard belasting, exclusief de Nederlandse Aardgas Maatschappij. In datzelfde jaar ontvingen ze aan alle mogelijke steun- en subsidieregelingen ƒ 19,9 miljard. ƒ 4,6 miljard aan WIR-premie, ƒ 1,2 miljard aan garanties, ƒ 800 miljoen loonsubsidies, ƒ 600 miljoen industrialisatie-subsidie en miljarden guldens prijsverlagende subsidies. Per saldo ontvingen ze in 1983 dus ƒ 13,6 miljard.

In 1984 betaalden ze ƒ 5,9 miljard vennootschapsbelasting. In datzelfde jaar kregen ze ƒ 22,2 miljard steun en subsidie. Dat is per saldo nog eens ƒ 16,3 miljard van de overheid. Over 1983 en 1984 samen kreeg het Nederlandse bedrijfsleven dus ƒ 13,6 miljard plus ƒ 16,3 miljard is ruim dertig miljard gulden, waarvan ƒ 4,6 miljard alleen al voor de WIR. (De WIR is de belangrijkste investeringspremie). Rekenen we vanaf 1977, dan ontvingen bedrijven per saldo ƒ 74 miljard.

'Hoho,' zeggen ze nu bij het Verbond van Nederlandse Ondernemingen. Wij betalen niet alleen vennootschapsbelasting maar ook invoerrechten, accijnzen, overdrachtsbelasting, milieubelasting en wat voor belasting al niet.' Nog een keer dan, nu met àlle vormen van belasting die bedrijven moeten betalen meegerekend. In 1983 betaalden de gezamenlijke Nederlandse bedrijven *f* 17,2 miljard aan het rijk. Ze ontvingen *f* 19,9 miljard aan steun en subsidies. Resteert een netto gift van de overheid aan bedrijven van *f* 2,7 miljard. In 1984 betaalden bedrijven *f* 17,5 miljard. Ze ontvingen *f* 22,2 miljard. Netto gift van de overheid derhalve *f* 4,7 miljard. Over 1983 en 1984 samen kregen bedrijven dus per saldo *f* 7,4 miljard.

Hoeveel geld ondernemingen in 1985 in de schatkist zullen storten is nog niet bekend, maar vast staat dat het minder zal zijn dan de *f* 25 miljard steun en subsidies die de overheid de bedrijven datzelfde jaar wil schenken. Geen wonder dat minister Ruding van financiën het heeft over 'het ideaal van een verzorgingsstaat voor ondernemingen'.

Intussen reppen officiële tongen van 'een lastenverlichting van drie miljard'. Waar het woord 'lastenverlichting' en het bedrag van drie miljard vandaan komen mag Joost weten. Er zijn helemaal geen lasten. Er zijn slechts lusten en die belopen in de periode 1984-1985 geen *f* 3 miljard maar minstens het driedubbele. Niettemin zag dr. A. van der Zwan, hoogste baas van de Nationale Investeringsbank, dit bedrag graag nog wat uitgebreid.

Het is dan ook verbazend, ondernemers en bankiers te horen klagen over 'wissels' die 'alweer omgezet dreigen te worden in de richting van lastenverzwaring'. De bedragen die de Nederlandse overheid jaarlijks aan bedrijven schenkt, groeien elk jaar met een paar miljard. Eind september 1985 kondigde de minister van economische zaken, Van Aardenne, alweer aan dat hij de researchsteun voor bedrijven met een onbekend bedrag wil ophogen. Koud een week later presenteerde hij de volgende nieuwigheid. De 'winnerssubsidie'. Tussen de honderd en de driehonderd miljoen, speciaal bestemd voor multi- en internationals.

Gezamenlijk betalen de bedrijven geen belasting, maar dat wil niet zeggen dat alle Nederlandse bedrijven van de bedéling leven. Er zijn bedrijven die nemen en er zijn er die geven. In de mogelijkheid belasting te ontgaan en gebruik te maken van overheidssubsidies en -geschenken zit veel concurrentievervalsing.

Kleine bedrijven hebben vaak niet het geld om dure belastingadviezen in te winnen, niet de werknemers om met succes steun te vragen en niet de connecties om relatie-geschenken te krijgen. Het zou dan ook eerlijker zijn als de overheid het hele ondoorzichtige apparaat van steun, giften en subsidies zou opheffen, onder gelijktijdige afschaffing van de vennootschapsbelasting. Op die manier zou het stimuleringsbeleid worden verlegd van multinationals naar het midden- en kleinbedrijf, terwijl bovendien jaarlijks een paar miljard kan worden bespaard.

Over politiek beleid gesproken: allicht herstellen de winsten van bedrijven zich als de overheid zo goed is er een paar miljard aan toe te voegen. Belangrijker is: allicht herstellen de winsten zich nu bedrijven minder verliezen hoeven af te boeken op failliete klanten. 'Structureel' mag de verbetering intussen niet heten. Het bedrijfsleven met giften op de been houden is geen kunst en de oorzaak van de narigheid is niet weggenomen.

Nog steeds nemen banken in elk faillissement een voorrangspositie in die zich uitstrekt over de goederen van de leveranciers. Het is juist hun bevoorrechte positie geweest die banken ertoe heeft gebracht bedrijven zoveel krediet te verlenen dat bedrijven omvielen als domino-stenen.

Dat het zinvol is het bedrijfsleven te beschermen tegen overdadige kredietverlening is in de periode 1980-1984 gebleken: ondernemers hebben de overigens begrijpelijke neiging hun faillissement zo lang mogelijk voor zich uit te schuiven. Voor dat doel zijn ze bereid zich diep in de schulden te steken, met alle negatieve gevolgen voor de leveranciers.

De zorg voor het bedrijfsleven toevertrouwen aan de banken is zoiets als die voor zieken en bejaarden toevertrouwen aan het uitvaartwezen. De eigen 'winstmaximalisatie' staat hier voorop. Nauwelijks neemt het aantal faillissementen af, of banken spreken alweer de hoop en verwachting uit dat bedrijven weer veel bij hen zullen lenen (en wederom hun hele hebben en houden bij hen in onderpand zullen geven). In plaats van lering te trekken uit 1980-1984 maken ze zich zorgen hoe ze aan genoeg geld komen voor een herhalingsoefening. Hieruit blijkt duidelijk dat banken niet inzien dat ze met hun veel te grote kredieten en hun onderpanden de Nederlandse economie hebben geruïneerd en daarmee en passant hun eigen markt hebben ingekrompen.

Een overheid die liever geen faillissementsgolven heeft maar het bedrijfsleven gezond en de eigen uitgaven laag wil houden, zal daarom haar toevlucht moeten nemen tot wetswijzigingen.

18 Borrelpraat

Wie bankiers en ondernemers hoort praten over economisch falen of succes denkt onwillekeurig aan voetballers of andere topsporters na afloop van de wedstrijd. Het succes is steeds aan eigen moed en volharding te danken, terwijl de mislukking de meest uiteenlopende oorzaken heeft die zonder uitzondering buiten de macht van de spreker liggen. De borrelpraat die bankiers en ondernemers in hun herendiscussies over economische inzinkingen als baar geld met elkaar uitwisselen, is de moeite van het inventariseren waard.

Men vindt vele variaties, waarvan de belangrijkste zijn: 'dit kabinet is een ramp voor de economie', 'wij bezwijken onder de lasten', 'het financieringstekort moet omlaag' en 'de lonen zijn te hoog'. De belangrijke oorzaken die aan de borreltafel worden aangevoerd ter verklaring van economische inzinkingen zijn loodzware lasten, huiveringwekkend hoge lonen en de politiek.

Het overheersende politieke gevoel is dat ondernemend Nederland het best gedijt in een eeuwig-durende coalitie van christen-democraten en liberalen. Alleen liberalen waren beter, maar daar zijn er spijtig genoeg te weinig van. Daarentegen zijn sociaal-democraten uitgesproken rampzalig voor het economisch bestel.

Als de sociaal-democraten in de regering komen, voorspelt Amro-directeur mr. R. Nelissen, worden de ondernemers schichtig. Mr. Nelissen zou er een eed op durven doen dat het dan gedaan is met de wederopbloei van het bedrijfsleven. Er komt onvermijdelijk een nieuwe inzinking, en dat terwijl ondernemen net weer een beetje leuk begon te worden – lonen omlaag, lasten verlicht, winst niet vies meer maar juist lekker.

Bij de Amro weten ze precies waar inzinkingen vandaan komen. Niet van overkreditering waarin de Amro zelf een hoofdrol heeft gespeeld maar van sociaal-democratische regeringsneigingen.

De uitspraak van Nelissen illustreert hoe zwaar het belang is dat banken toekennen aan de politiek, en hoezeer ze hun eigen macht en invloed op de economie onderschatten. De gedachte dat één kabinet of één coalitiepartij in een land als Nederland invloed op de economie zou kunnen uitoefenen die in de verte vergelijkbaar is met die van henzelf, is ronduit absurd. Als je bankiers moet geloven staat of valt het bedrijfsleven met de politieke kleur van het zittende kabinet. Banken realiseren zich geen moment dat als hun kredietverlening gedurende een reeks van jaren (1975-1979) te overvloedig is, in de daaropvolgende jaren een faillissementsgolf ontstaat. En dat het niets uitmaakt of de socialisten aan de beurt zijn een premier te leveren of de christen-democraten.

De faillissementsgolf die Nederland in de periode 1980-1985 heeft gekend, is goeddeels een onvermijdelijk gevolg geweest van te overvloedige kredietverlening in de voorafgaande jaren. Politieke factoren, zoals verlaging van de loonkosten, energiesubsidies en financieringstekort, zijn ondergeschikt gebleken. Onbeheersbaar voor de politiek zijn die faillissementen kalmpjes doorgegaan. En zoals in voorgaande hoofdstukken al is uitgelegd zullen ze blijven doorgaan totdat de overgekrediteerde kern op kosten van heel wat gezonde bedrijven is weggesaneerd. De in faillissementen nagelaten schulden worden geabsorbeerd door de financiële buffers van sterkere bedrijven.

Dit proces gaat al langzamer, op een goede dag zal het beëindigd zijn. De rotte plek is dan verdwenen: bedrijven die zo diep bij de banken in de schuld stonden dat al hun leveranciers onbetaald bleven rusten zacht in de faillissementsregisters, samen met een deel van hun leveranciers.

De overlevenden gooien de groeve dicht en nemen zich voor in het vervolg scherp te letten op de financiële gezondheid van de afnemer. Dank zij de plicht voor alle Nederlandse BV's om per 1 januari 1985 een jaarverslag te publiceren, kunnen leveranciers het eventuele faillisement bij hun afnemers tegenwoordig gelukkig wat beter zien aankomen.

Zodra het aantal faillissementen afneemt, leeft de economie op. Dank zij een proces van schuldsanering dat in natuurlijkheid niet onderdoet voor een hagelbui. Langs de weg van: na regen komt zonneschijn. De politiek heeft er weinig of niets mee te maken. Toch schrijven banken en politici het herstel toe aan een weergaloos kunststuk van politiek vernuft. Amro-directielid drs. Th.A.J. Meys gewaagt bij voorbeeld van 'een sociaal-economische restauratie', waarmee 'Lubbers cum suis een begin maakte met Nederland te transformeren van een soft society naar een market oriented society'. Meys moet toch eens een tolk meebrengen; zijn spreekbeurten zijn misschien heel interessant.

'Het feitelijk optimisme over de conjuncturele ontwikkeling alsmede de gerealiseerde structuurverbeteringen, mogen niet leiden tot een euforie waarin de noodzaak tot een voortzetting van het beleid in de komende jaren ondergraven wordt,' waarschuwt de bankier. Laten we de huid niet verkopen voordat de beer geschoten is, bedoelt Meys daarmee. Ook deze Amro-directeur weet waar inzinkingen vandaan komen. Te vroege opening van de jacht op bruine beren. Daar ligt het aan, gentlemen, en niet aan overkreditering die mede door de Amro is gepleegd.

De banken houden het er dus op dat herstel een kwestie van uitgekiend overheidsbeleid is.

In de politiek is het niet anders. De sociaal-democraten vleien zich met de gedachte dat zij het zijn die het bedrijfsleven overeind hebben geholpen, en wel door de lasten voor bedrijven te verlichten. Nu is het zeker plezierig voor bedrijven dat ze meer geld van de overheid ontvangen dan ze hoeven af te dragen, maar toch is de operatie lastenverlichting voor het bedrijfsleven min of meer mislukt. De cadeaus van de overheid wogen helaas niet op tegen de kapitaalvernietiging, die een golf van ruim 26 duizend faillissementen in diezelfde periode heeft veroorzaakt.

De overheid kon stimuleren naar hartelust, maar het effect zou opzienbarender zijn geweest wanneer die faillissementsgolf Nederland bespaard was gebleven. De schatkistbewaarder, dr. P. Korteweg, zei het zo: 'In tien jaar tijd is de consumptie gestegen met 24 procent. Toch groeide de economie maar met negen procent. Blijkbaar zijn we tien jaar lang bezig geweest met een experiment dat niet heeft gewerkt.'

Het experiment heeft wel gewerkt, maar het was een ander experiment dan hij dacht.

Volgens officiële berichten bedroeg de lastenverlichting die de overheid het bedrijfsleven in 1984 en 1985 heeft gegeven drie miljard gulden. Dank u wel dokter! Een pleister van drie miljard op een houten been van dertig miljard dat we hadden overgehouden aan vier jaar bankbeleid die eraan voorafgingen. Drie miljard, is dat niet wat weinig?

Dat is het inderdaad. In werkelijkheid is de lastenverlichting in de jaren 1983 en 1984 veel hoger geweest dan drie miljard en wel tien keer zo hoog. (Zie hoofdstuk 'Verzorgingsstaat voor ondernemingen'.) De Nederlandse bedrijven betalen al sinds 1977 geen cent vennootschapsbelasting meer. Sinds 1981 betalen ze per saldo ook geen andere belastingen meer. In plaats daarvan krijgt het Nederlandse bedrijfsleven jaarlijks miljarden guldens van de overheid (lees: de belastingbetaler) cadeau.

Hoe groot de lastenverlichting in werkelijkheid ook mag zijn geweest, ze woog niet op tegen het effect van enkele tienduizenden faillissementen. Het besef dat faillissementen economische betekenis hebben, of dat faillissementen in veel gevallen te voorkomen zouden zijn, is nog niet helemaal tot banken, bedrijven en politiek doorgedrongen. Voor allemaal is 'lastenverlichting' het toverwoord en de politicus de tovenaar. Ook de werkgevers denken dat het de politiek is, die de stoot geeft tot economisch slagen of falen.

Bij het verschijnen van de Miljoenennota 1985 zei mr. C. van Lede, voorzitter van het Verbond van Nederlandse Ondernemingen (VNO), in wat hij per ongeluk 'een terugblik op het kabinet-Lubbers' noemde: 'Het is duidelijk dat de lessen uit de periode 1973-1983 niet geheel zijn doorgedrongen in de politiek. Uit alle verkiezingsprogramma's blijkt dat de wissel alweer wordt omgezet in een richting die neerkomt op lastenverzwaring voor de bedrijven.' Ook voor de werkgevers geeft het politieke beleid, in de vorm van lasten omhoog of omlaag, de doorslag voor economisch falen of succes.

Politici zelf menen in alle bescheidenheid: 'Het kabinetsbeleid is moedig en succesvol' (de liberalen). 'Alles wat moet dalen – collectieve lasten, financieringstekort, inflatie, rentestand en lonen – daalt, en wat moet stijgen – economie, werk, winst en consumptie – stijgt.' De christendemocraten mompelen niet minder bedeesd: 'Op overtuigende wijze hebben wij duidelijk gemaakt dat de ingezette koers de juiste is. Het herstel is ver gevorderd. Na 1986 kan wat minder worden bezuinigd.'

Niet alleen slaan politici de plank mis als ze het economisch herstel aan zichzelf toeschrijven, ze overdrijven ook als ze zeggen dat het goed gaat met Nederland. Wie het Statistisch Zakboekje (van het CBS) opslaat ziet bij het bruto nationaal produkt, het totaal van in Nederland geproduceerde goederen en diensten, een prettige, zacht stijgende lijn omhoog. Handenwrijvend ziet hij de waarde van al die produkten bij elkaar stijgen van ƒ 316 miljard in

155

1979, naar ƒ 336 miljard in 1980, naar ƒ 352 miljard in 1982, naar ƒ 377 miljard in 1982, naar ƒ 378 miljard in 1983 en naar ƒ 394 miljard in 1984. Omhoog, omhoog. Geld genoeg, in Nederland.

Er komt veel minder warmte vrij bij dat handenwrijven als op deze cijfers een kleine correctie wordt losgelaten: voor inflatie. Het meten in schommelende grootheden levert nu eenmaal geen bijzonder betrouwbare resultaten op. Vandaar dat beschaafde volken afspraken maken over hoelang een meter is en hoeveel een liter. En kilo's horen bij een slager even zwaar te zijn als bij een uitgever.

Door allerlei oorzaken schommelt de waarde van de gulden. Om te kijken wat hij echt waard is, geeft de minister van financiën eens per jaar aan een beperkt aantal ambtenaren enkele guldens. De heren steken dat op zak en wandelen Den Haag door om te kijken wat je er nog voor kunt doen. 'Weer minder,' moeten ze elk jaar rapporteren. De koopkracht van de gulden daalt namelijk elk jaar met een percentage dat tussen twee en ruim zes procent ligt. Een gulden van 1977 is eind 1985 nog maar 72 cent waard.

Wanneer de waarde van de in Nederland geproduceerde goederen en diensten worden berekend in constante guldens van 1977, komt er in dat zacht glooiende lijntje opeens een diepe kuil. Dan blijkt dat het bruto nationaal produkt in de jaren 1980, 1981 en 1982 – de topjaren voor faillissementen – niet is gestegen, maar gedaald. De daling bedroeg een half procent in 1980, 2,3 % in 1981 en 1,8 % in 1982. In de jaren 1980-1981-1982 was de faillissementsschade de grootste van heel Europa.

Naast misvattingen als 'de politiek bepaalt het economisch succes' en 'de lasten zijn te hoog' zijn ook de loonkosten een geliefd onderwerp voor de borrelbabbel van bankiers, ondernemers en politici. 'De werknemers eten de bedrijven op,' zucht men elkaar na. Dat verhaal is nu vijf jaar achterhaald. De reële lonen zijn sinds 1979 in geen enkel EG-land zo scherp gedaald als in Nederland. Sinds

156

1979 liggen de arbeidskosten per kant-en-klaar produkt in Nederland onder het gemiddelde van de Europese Gemeenschap. Sinds 1984 zijn de arbeidskosten per produkt op België na zelfs de laagste van de hele EG.

Dat de invloed van het financieringstekort niet zo doorslaggevend is als in Nederland werd aangenomen blijkt, nu plotseling tot veler verrassing het bedrijfsleven zich herstelt terwijl tegelijk het financieringstekort daalt als gevolg van bezuinigingen. Alle debakels! Zet Ruding het mes in tante Truus, leeft gelijk de economie op! Het stemt de grootste oppositiepartij zo eerbiedig dat zij de financieel-reformatorische duivelskunstenaar der christendemocraten wil aanhouden, als zij na de verkiezingen van 1985 de macht mocht overnemen.

Samenvatting en conclusies

Tussen 1980 en 1984 zijn in Nederland 27 000 bedrijven failliet gegaan. Ze hebben 150 000 mensen werkloos gemaakt en een schuld van ƒ 20 miljard afgewenteld op anderen. Daarnaast hebben ze de overheid nog eens ƒ 12 miljard gekost aan werkloosheidsuitkeringen, exclusief de uitkeringen die deze groep werklozen de komende jaren nog zal ontvangen.

Al met al heeft de faillissementsgolf van 1980-1984 de Nederlandse samenleving ƒ 32 miljard gekost aan directe schade die failliete ondernemingen op het bedrijfsleven en op de overheid hebben afgewenteld. Deze schadepost is daarmee twee tot zeven keer zo groot als in de andere Westeuropese handelslanden.

We hebben een aantal van de meestgehoorde oorzaken voor de relatief slechte gang van zaken in Nederland onderzocht en zijn tot de conclusie gekomen dat deze niet de doorslaggevende betekenis hebben die er gewoonlijk aan wordt toegekend. De politieke kleur van het zittende kabinet, om maar eens iets te noemen.

In Nederland kan van enige negatieve invloed van de overheid op de financiële gezondheid van bedrijven onmogelijk sprake zijn. De achtereenvolgende kabinetten hebben een ware verzorgingsstaat voor bedrijven opgebouwd. Zonder dat iemand er erg in lijkt te hebben, betalen de gezamenlijke Nederlandse bedrijven al jaren geen stuiver belasting meer. Sinds 1977 hebben ze al ƒ 74 miljard méér aan steun en subsidie ontvangen dan ze aan vennootschapsbelasting hebben betaald.

Zelfs wanneer álle vormen van indirecte belastingen die bedrijven aan de overheid betalen hiervan worden afgetrokken, resteert netto subsidiëring van het Nederlandse

158

bedrijfsleven en wel met een bedrag van ruim f 11 miljard sinds 1980.

Een andere reden die wel voor de ongunstige Nederlandse situatie wordt gegeven, zijn de hoge loonkosten. Nergens in de EG zijn de loonkosten de afgelopen zes jaar echter zo scherp verlaagd als in Nederland. Op België na waren de loonkosten per eenheid produkt in 1984 in Nederland het laagst van de hele EG.

Tenslotte wordt ook wel aangenomen dat sterke bezuinigingen op het overheidsbudget de werkloosheid opjagen, de koopkracht doen dalen en de economie doen inzinken. Dit bleek een fabeltje toen in 1984 winsten en investeringen zich begonnen te herstellen en aan de stijging van aantallen faillissementen en werklozen een eind kwam – terwijl de overheid niet-aflatend aan het bezuinigen was.

Noch de Nederlandse 'hoge lonen', noch de politieke kleur van het zittende kabinet, noch de 'zware lasten', noch sterke bezuinigingen verklaren de Nederlandse situatie. De werkelijke verklaring ligt elders.

Nederland dankt de grote schade door faillissementen aan de gezamenlijke banken, die de bedrijven tussen 1975 en 1979 onder het goedkeurend oog van De Nederlandsche Bank tot de wenkbrauwen lieten vollopen met krediet. In ruil daarvoor hebben ze het hele hebben en houden van bedrijven in onderpand genomen, om alles te kunnen veilen zodra bedrijven onder hun schulden bezweken.

Anders dan ze willen doen geloven hebben banken nauwelijks verliezen geleden op faillerende bedrijven. Hun stroppen hebben ze hoofdzakelijk geraapt bij de door henzelf aangewakkerde huizenspeculatie en bij buitenlandse banken, bedrijven en overheden. De stroppenpot is sinds 1981 leeg.

Hoe anders was dat voor leveranciers, fiscus en bedrijfsvereniging! Voor hen waren er geen onderpanden en zij kregen ook hun geld niet terug: zó overvloedig waren de kredieten die banken hadden verstrekt dat ze zelf ter nau-

wernood genoeg hadden aan de opbrengst van alle onderpanden. Leveranciers verloren in de periode 1980-1984 als
gevolg van de bankpraktijken f 12 miljard. Fiscus en
bedrijfsvereniging schoten er f 8 miljard bij in. Tot nu toe
is in dit proces 7% van het Nederlandse bedrijfsleven weg-
gevaagd – en het is nog steeds niet afgelopen.

De kredietverlening is in Nederland magistraal uit de
hand gelopen als gevolg van een actie van De Nederlandsche Bank. Deze toezichthoudende instantie bood de banken halverwege de jaren zeventig gelegenheid de kredietverlening mateloos te laten groeien. Zij verlaagde de reserves die banken verplicht zijn aan te houden op verschillende soorten kredieten. De kredietverlening explodeerde. Er
werden bedrijven opgekweekt met negatieve vermogens
van in totaal bijna f 10 miljard. Deze bedrijven zijn tussen
1980 en 1984 opgeruimd, op kosten van het Nederlandse
bedrijfsleven dat de negatieve erfenis in ontvangst mocht
nemen.

De tweede oorzaak is dat banken hun verliezen in
Nederland te gemakkelijk kunnen afwentelen op anderen.
In geen van de door ons onderzochte Westeuropese handelslanden is de positie van de banken zo sterk als in
Nederland en nergens genieten de leveranciers zo weinig
bescherming als hier. Anders dan in veel andere landen
mag de ondernemer hier zijn zaak voortzetten als hij
eigenlijk al failliet is; hij mag onbegrensd nieuwe schulden
aangaan om het faillissement voor zich uit te schuiven en
de banken mogen de onbetaald gebleven leveranties van
andere bedrijven gebruiken om zich in te dekken tegen
verliezen.

De schade die de banken bij faillissementen op bedrijven afwentelen is in de periode 1980-1984 in verhouding
tot de grootte van het bedrijfsleven meer dan twee keer zo
groot geweest als in West-Duitsland of Engeland, meer
dan vijf keer zo groot als in Italië en bijna zeven keer zo
groot als in België.

Namenregister

Geraadpleegde literatuur

Bankenboekjes 1977-1985, Nederlands Instituut voor het Bank- en Effectenbedrijf, Amsterdam;

Cork, Weiss e.a., *European Insolvency Practitioner's Handbook*, Londen, MacMillan (1984);

Europese Economie, jaarverslag 1984-1985 van de Commissie der Europese Gemeenschappen, directoraat-generaal Economische en Financiële Zaken;

Faillissementsstatistiek 1980-1983, Centraal Bureau voor de Statistiek, 's-Gravenhage, Staatsuitgeverij;

Galbraith, J.K., *The Great Crash 1929*, Pelican Books (1980);

Geertsema, Van Straaten, Wijffels, *De Funding van Banken*, Preadviezen Nibe-jaardag 1985, Nederlands Instituut voor het Bank- en Effectenbedrijf, publicatienr. 51, Amsterdam (1985);

Hakim, J., 'The World is their Oyster', in *The Economist*, survey on international investment banking (15.3.1985);

Hanekroot, J., 'Stille reserve algemene banken sinds 1978 relatief gedaald', in *Het Financieele Dagblad* (18.3.1982);

Houghton, A. en N. Cooper, *European Insolvency Guide*, Londen, Touche Ross International (1984);

Jaarverslagen 1979-1984 ABN, Amro, FGH, NCM, NMB, Rabo en WUH;

Jaarverslagen 1955-1985 De Nederlandsche Bank;

Lakeman, P.T., *Het gaat uitstekend*, Weesp, De Haan (1984);

Lakeman, P.T., *De Fatale Jaren*, Weesp, De Haan (1984);

165

Lakeman, P.T., 'KSH te laat met aanvraag surséance', in *de Volkskrant* (11.3.1978);

Nationale Rekeningen 1980-1984, Centraal Bureau voor de Statistiek, 's-Gravenhage, Staatsuitgeverij;

Staatscouranten 1979-1984 voor door De Nederlandsche Bank afgegeven Verklaringen van Geen Bezwaar ex art. 25 WTK;

Statistiek der Hypotheken 1980-1983, Centraal Bureau voor de Statistiek, 's Gravenhage, Staatsuitgeverij;

Statistiek van de Spaargelden 1980-1983, Centraal Bureau voor de Statistiek, 's-Gravenhage, Staatsuitgeverij;

Statistische Jaarboeken 1979-1984 van België, BRD, Engeland, Frankrijk en Italië;

Ven, M.P.M. van de, 'Kredietmanagement; wanbetalers staan al in de computer', in *NRC Handelsblad* (16.4.1984);

Ven, M.P.M. van de, 'Overspannen kredietbeleid luidt nieuw tijdperk voor banken in', in *Trouw* (25.2.1984).

Tabellen

Tabel 1
Onbetaald gebleven schuld van gefailleerde BV's naar jaar van faillissementsbeëindiging afgeleid uit door CBS gepubliceerde cijfers (x ƒ 1 miljoen)

	aantal BV's	aan fiscus en bedrijfsvereniging		aan concurrente crediteuren	
		totaal	per BV	totaal	per BV
1981	1393	606	0,435	478	0,343
1982	2176	800	0,368	918	0,422
1983	2501	915	0,366	1242	0,497
totaal	6070	2321	0,383	2.637	0,434

Tabel 2
Onbetaald gebleven schuld van gefailleerde BV's op verzoek van auteurs door CBS naar jaar van faillissementsuitspraak geordend (x ƒ 1 miljoen)

	aantal BV's	aan fiscus en bedrijfsvereniging		aan concurrente crediteuren	
		totaal	per BV	totaal	per BV
1971-73	4	0	0,018	0	0,056
1974	16	1	0,042	15	0,971
1975	41	15	0,355	73	1,787
1976	73	16	0,213	58	0,793
1977	120	33	0,274	115	0,958
1978	166	72	0,432	76	0,459
1979	411	120	0,291	199	0,485
1980	1216	534	0,439	589	0,484
1981	1937	891	0,460	822	0,425
1982	1605	433	0,270	570	0,355
1983	481	116	0,242	120	0,249
totaal	6070	2321	0,383	2637	0,434

Tabel 3
Onbetaald gebleven schulden door gefailleerde BV's inclusief nog lopende faillissementen geschat met aangenomen gemiddelde per BV (x ƒ 1 miljoen)

	aantal failliet verklaarde BV's volgens CBS	aan fiscus en bedrijfsvereniging gemiddeld/totaal		aan concurrente schuldeisers gemiddeld/totaal	
1971	0				
1972	37				
1973	250				
1974	609	0,250	152	0,320	195
1975	846	0,300	254	0,340	288
1976	1031	0,350	361	0,370	381
1977	1107	0,400	443	0,400	443
1978	1047	0,450	471	0,430	450
1979	1253	0,450	564	0,460	576
1980	2005	0,490	982	0,480	962
1981	2865	0,480	1375	0,510	1461
1982	3487	0,380	1325	0,540	1883
1983	2900	0,350	1015	0,580	1682
1984	2300	0,330	759	0,620	1426
1980-84	13557		5456		7414

Toelichting tabel 3
De CBS-cijfers van na 1981 uitgesproken faillissementen hebben betrekking op BV's waarvan de afwikkeling sneller is geschied dan van de gemiddelde BV. Deze zijn niet representatief voor alle in een bepaald jaar uitgesproken faillissementen. Bij kleine faillissementen, waar niets van waarde in zit, blijven gemiddeld kleinere schulden achter en deze worden sneller afgewikkeld. In het algemeen vertonen de CBS-cijfers als trend: hoe groter de onbetaalde schuld per vennootschap des te langer de afwikkeling van deze faillissementen duurt en ook: hoe kleiner de aan normale schuldeisers uitbetaalde bedragen, des te langer duurt de afwikkeling van het faillissement!
De onbetaalde schulden van sinds 1981 uitgesproken BV-faillissementen zijn dus groter dan uit de CBS cijfers blijkt. En de onbetaalde schulden van voor 1981 uitgesproken faillissementen zijn kleiner dan uit de CBS cijfers blijkt. Om een betrouwbare indruk te krijgen van de samenhang van enerzijds de faillissementsduur en anderszijds de onbetaald gebleven schuld per BV moest opnieuw een computeruitdraai met het CBS-mate-

168

riaal worden gemaakt. Nu niet alleen naar jaar van uitspraak geordend, maar ook achtereenvolgens uit de verschillende bestanden van 1981, 1982 en 1983. Met deze cijfers konden we de gemiddelde onbetaalde schuld per BV schatten, inclusief die van de nog niet afgewikkelde faillissementen. Deze zijn opgenomen in de kolommen 3 en 5 van tabel 3. Pas in de komende jaren zal blijken hoe nauwkeurig deze schattingen zijn.

Door dit gemiddelde te vermenigvuldigen met het vaststaande aantal faillissementen hebben wij een schatting gemaakt van de onbetaald gebleven schulden van alle in een bepaald jaar gefailleerde BV's.

Tabel 4
Onbetaald gebleven schulden van alle gefailleerde bedrijven, geschat met aangenomen gemiddelde per bedrijf (x ƒ 1 miljoen)

	bij BV's	bij niet-BV's	bij alle bedrijven
1979	1140	752	1892
1980	1944	1283	3227
1981	2836	1793	4629
1982	3208	1333	4541
1983	2697	1526	4223
1984	2185	1524	3709
	12 870	7459	20 329

Toelichting tabel 4
Kolom 1 van tabel 4 is de som van de kolommen 4 en 6 van tabel 3.
Binnen een bedrijfstak zal het voor de bedrijfsvoering weinig uitmaken of we met een BV, met een eenmansbedrijf, met een vennootschap onder firma of met een commanditaire vennootschap te maken hebben. Dat geldt zowel voor de omzet per werknemer als voor de totale hoeveelheid (eigen plus vreemd) vermogen. De bedrijfsomvang van gefailleerde eenmanszaken (en andere niet-BV's) correspondeerde in 1980 met ongeveer 60% van die van de gefailleerde BV's, in 1981 met 63%, in 1982 met 42%, in 1983 met 57% en in 1984 met ongeveer 70%. Wegens het ontbreken van andere cijfers hebben we aangenomen dat de onbetaald gebleven schuld bij gefailleerde niet-BV's (voornamelijk eenmansbedrijven) op dezelfde manier evenredig met de bedrijfsomvang is geweest als bij gefailleerde BV's.
Deze veronderstelling vindt steun in de CBS-cijfers van een speciale groep bedrijven die, wat betreft de persoonlijke verliezen bij een faillissement, erg lijken op eenmansbedrijven: de firma's. Bij firma's (officieel: ven-

nootschap onder firma) staan ook mensen aan het hoofd van het bedrijf die in geval van faillissement met hun privé-vermogen aansprakelijk zijn voor alle verliezen. Men zou om deze reden bij firma's misschien minder onbetaald gebleven schuld verwachten. Dit was echter niet het geval. In feite vertoont de financiële afwikkeling van faillerende firma's (en naar wij veronderstellen ook de dicht daarbij staande eenmansbedrijven) hetzelfde beeld als dat van BV's.

Waar in de lopende tekst wordt gesproken over eenmansbedrijven is de iets meer omvattende groep niet-BV's bedoeld. Terloops kan gewezen worden op de gevolgen van deze bevinding voor de wetgeving: civielrechtelijke sancties op het ondernemen met uitgeholde BV's zullen slechts beperkt nut hebben bij de bestrijding van deze misstand. Strafrechtelijke sancties wellicht meer, getuige de situatie in Italië.

Tabel 5
Bij werkgeversfaillissementen betrokken werknemers

	BV's	aantal werk-nemers	niet-BV's	aantal werk-nemers	totaal werk-nemers
1980	2 005	21 700	2 138	14 600	36 300
1981	2 865	31 000	2 864	19 600	50 600
1982	3 487	46 200	3 313	19 200	65 400
1983	2 900	36 000	3 136	20 400	56 400
1984	2 300	24 800	2 663	17 300	42 100
1980-84	13 557	159 700	14 140	91 100	250 800

Toelichting tabel 5
Onder niet-BV's worden verstaan eenmansbedrijven, NV's, firma's en commanditaire vennootschappen. Het aantal bij faillissement van de werkgever betrokken werknemers in 1980 is geschat onder de onderstelling dat het aantal werknemers per gefailleerd bedrijf hetzelfde was als in 1981. Voor 1983 en 1984 is uitgegaan van CBS-cijfers inclusief faillissementen die later vernietigd zijn ten gevolge van verzet, hoger beroep of cassatie. Deze CBS-cijfers zijn vervolgens met 3% verminderd wegens het geschatte aantal vernietigingen.

Tabel 6
Toevoegingen en onttrekkingen aan de Voorziening Algemene Risico's
(VAR) van de algemene banken en onttrekkingen aan de VAR van de
hypotheekbanken en Rabo-banken in 1976-1983 en einde jaar stand van
de VAR handelsbanken (x ƒ 1 miljoen)

	toevoegingen algemene	DNB	onttrekkingen alge- mene	(hypoth.	Rabo)	jaar- saldo	VAR einde jaar
1976	358	336	323	(	13)	+ 34	1090
1977	408	351	337	(	14)	+ 71	1161
1978	503	11	406	(	5)	+ 97	1258
1979	599	550	550	(	0)	+ 49	1307
1980	1041	1864	1552	(100?	212)	- 511	+796
1981	1499	3168	2464	(371	333)	- 965	- 169
1982	2487	3490	2796	(316	378)	- 309	- 478
1983	2506	3090	2590	(150?	350)	- 84	- 562
1984	2461	2811	2380	(100?	323)	+ 73	- 489
1980-84	9994	14423	11791	(1037	1595)		

Toelichting tabel 6
De kolom DNB is gelijk aan de door De Nederlandsche Bank gepubliceerde 'bijzondere lasten', met uitzondering van het getal voor 1984 dat door
ons is geschat.
De som van de drie 'onttrekkingen'-kolommen rechts van de DNB-kolom
is gelijk aan deze kolom. De twee 'onttrekkingen'-kolommen die tussen
haakjes staan zijn correcties op de gepubliceerde DNB-totalen en werken
niet door in de beide laatste kolommen.
De toevoegingen aan de VAR van de algemene banken zijn geschat door
de toevoegingen van ABN + Amro + NMB + NCM + Credit Lyonnais
met 1,07 te vermenigvuldigen (deze vijf maken ruim 93% van het
bedrijfsvolume uit).

De Nederlandsche Bank heeft tot en met 1979 de VAR-onttrekkingen van
de algemene banken apart gepubliceerd. De Nederlandsche Bank publiceert (voor het eerst in haar jaarverslag 1981) de gezamenlijke VAR-
onttrekkingen van 1980 en later van algemene banken plus hypotheekbanken plus Rabo-banken. Het was daarom noodzakelijk met ingang van
1980 correcties aan te brengen voor de beide laatste groepen. Dit is op de
volgende wijze gebeurd.

171

De correcties voor de hypotheekbanken zijn aangebracht met behulp van het 'Antwoord van minister Ruding op vragen van de leden van de Tweede Kamer Kombrink en Van Rey over de Tilburgsche Hypotheekbank', zoals vermeld in 'Persbericht Financiën' van 18 oktober 1983 nr X 311. De antwoorden hielden in dat de aanwezige solvabiliteit gedeeld door de vereiste solvabiliteit van de hypotheekbanken (exclusief de Rabohypotheekbank) per eind 1980, 1981 en 1982 achtereenvolgens was 1,37; 0,92 en 1,07. Dit was de eerste officiële bron met behulp waarvan de grootte van de VAR van de gezamenlijke hypotheekbanken kon worden berekend.

Minister Ruding wees er overigens op dat de getallen over 1980 'niet geheel betrouwbaar zijn vanwege de rapportageproblematiek in de overgangsfase'. De vereiste solvabiliteit kan met behulp van de toen geldende solvabiliteitsnormen geschat worden op achtereenvolgens f 900 miljoen, f 808 miljoen en f 727 miljoen. De aanwezige solvabiliteit was dus achtereenvolgens f 1236 miljoen, f 743 miljoen en f 779 miljoen. De VAR is gelijk aan de aanwezige solvabiliteit min getoonde solvabiliteit. De getoonde solvabiliteit blijkt uit tabel 1.2 van de statistische bijlage van het verslag van De Nederlandsche Bank en was achtereenvolgens f 985 miljoen, f 846 miljoen en f 1030 miljoen. De grootte van de hypotheken VAR was dus achtereenvolgens f 251 miljoen, $-f$ 103 miljoen en $-f$ 251 miljoen. Wanneer de zichtbare toevoegingen aan de solvabiliteit hiervan af worden gehaald, blijven de onttrekkingen over. De zichtbare toevoegingen aan de solvabiliteit waren achtereenvolgens in 1981-1982: f 17 miljoen, f 168 miljoen (en f 360 miljoen in 1983). De onttrekkingen waren dus: in 1981 f 371 miljoen, in 1982 f 316 miljoen. De cijfers voor de jaren 1980 en 1983 zijn schattingen.

De correcties voor de Rabo-banken zijn als volgt aangebracht. In de periode 1975-1979 waren de bijzondere lasten (VAR-onttrekkingen) volgens gegevens van De Nederlandsche Bank gemiddeld 2% van die van de handelsbanken. Voor de jaren vanaf 1980 hebben wij deze verhouding als ondergrens voor de Rabo-bank-onttrekkingen aangehouden. De onttrekkingen van de algemene banken plus Rabo-banken waren in de jaren 1980-1984 f 13,3 miljard. Deze zijn over drie risicogroepen verdeeld: kredieten aan het bedrijfsleven, hypothecaire kredieten aan privé-personen en kredieten aan het buitenland (banken plus overheden). De bedrijfskredieten van de Rabo-bank zijn om twee redenen veiliger dan van de algemene banken. Ten eerste omdat de landbouw, waar de Rabobank relatief veel krediet heeft uitstaan, tot op de dag van vandaag een veilige en goedlopende bedrijfstak.Ten tweede heeft de Rabo-bank doordat zij een veelvoud aan kantoren heeft, vergeleken met de handelsbanken, intenser contact met, en meer inzicht in, de werkelijke situatie van haar debiteuren en is zij voor de beoordeling van de kredietwaardigheid niet afhankelijk van accountantsrapporten of andere formalistische bronnen. De Rabo-banken hebben slechts 1/6 van het volume aan ongedekte bedrijfskredieten vergeleken met de algemene banken. De verliezen op bedrijfskredieten van de algemene banken waren niet meer dan f 1,5 miljard (hoofdstuk 4) en kunnen voor de Rabo-banken op niet meer dan f 150 miljoen geschat worden.

De tweede risicogroep, hypotheken aan privé-personen, heeft voor de algemene banken tot zeer zware verliezen geleid. Uitgaande van de onttrekkingen aan de hypotheken-VAR van ruim f 1 miljard in 1980-1984 op een hypothekenportefeuille van bijna f 17 miljard kunnen de verliezen van de algemene banken, die ruim twee en een half maal zoveel hypotheken hadden uitstaan, van deze risicogroep op ca f 2,5 miljard geschat worden. Zowel de algemene banken als, sinds 1979, de hypotheekbanken, hebben tophypotheken verstrekt. De risico's zijn juist bij de tophypotheken geconcentreerd. Blijkens een artikel in Het *Financieele Dagblad* van 13 februari 1984 van R.M. van de Poll en J. Hanekroot heeft de Rabo-bank 'in het verleden niet verregaand meegedaan aan de verstrekking van tophypotheken'. De verliezen op hypotheken op een ongeveer even grote hypotheekportefeuille (f 45 miljard) moeten dus zeer aanzienlijk minder zijn geweest. Een indicatie is de VAR-dotatie van de Rabohypotheekbank van f 30 miljoen per jaar op een hypotheekportefeuille van f 8 miljard. De onttrekking aan de VAR in verband met hypothecaire leningen kan dus geschat worden op f 825 miljoen in de vijfjaarsperiode 1980-1984.

Blijft over de derde risicogroep: het buitenland. De vorderingen van de algemene banken op buitenlandse banken en overheden bedragen meer dan f 110 miljard en die van de Rabo-bank ca f 10 miljard. De VAR-onttrekkingen van de algemene banken plus Rabo-bank op dit punt kunnen geschat worden op de totale onttrekkingen ad f 13,3 miljard min f 2,5 miljard min f 1 miljard op vastgoedhandel min f 0,825 miljard min f 1,5 miljard min f 0,15 miljard is f 7,4 miljard. Hiervan kan dus 1/12 deel aan de Rabo-bank worden toegerekend ofwel f 620 miljoen, althans wanneer de debiteurenbeoordeling van de Rabo-bank met betrekking tot buitenlandse debiteuren zakt tot het gemiddelde peil van de algemene banken.

Hieruit volgt de totale VAR-onttrekking van de Rabo-bank in de vijfjaarsperiode ad f 150 miljoen plus f 825 miljoen plus f 620 miljoen is f 1595 miljoen. Er blijft dus over een onttrekking aan de VAR van de algemene banken van f 11 791 miljoen.

De conclusie dat de VAR van de handelsbanken sinds eind 1981 rond het niveau van -f 100 miljoen schommelt is mede gebaseerd op de cijfers van de minister van financiën die volgens hem niet geheel betrouwbaar waren wegens de rapportageproblematiek. Deze zelfde onnauwkeurigheid werkt noodzakelijkerwijs door in de cijfers van tabel 6. Uit de jaarverslagen van De Nederlandsche Bank blijkt ook niet duidelijk of de Tilburgsche Hypotheekbank (verlies in 1982: f 230 miljoen) in de cijfers van 1982 is verwerkt. Duidelijk blijkt echter uit de cijfers van de minister dat de VAR van de gezamenlijke hypotheekbanken eind 1982 negatief was (-f 251 miljoen). Wij schatten de nauwkeurigheidsmarge, zowel van de ministeriële informatie als van onze uitgangspunten omtrent de VAR-onttrekkingen van de Rabo-bank, zodanig dat de VAR van de algemene banken mogelijkerwijs niet negatief is maar eenvoudig leeg, eveneens sinds 1981.

Tabel 7
Enkele solvabiliteitsrichtlijnen in 1955-1985 voor kredieten aan verschillende groepen in % van de kredietgrootte

		1955	1969	1977	1983
ongedekt aan private sector	(1)	20	16,66	10	9
hypotheken op niet-woningen	(2)	10	10	5	5
hypotheken op woningen	(3)	10	10	3,33	3,33
onder garantie buitenl. banken		0	0	5	1
aan buitenlandse banken		0	0	0	1
onder garantie buitenl. overheden		0	0	5	1
aan buitenlandse overheden		0	0	0	1
aan Nederlandse semi-overheid	(4)	0	0	0	1
aan andere fin. instellingen		20	16,66	0	0
aan Nederlandse overheden	(5)	0	0	0	0
aan Nederlandse banken		0	0	0	0

(1) Private sector is bedrijfsleven plus privé-personen. Wanneer deze kredieten door de Nederlandsche Credietverzekering Maatschappij zijn verzekerd, geldt het nul-tarief.
(2) Sinds 1977 voor kredieten tot 50% van de 'recente taxatiewaarde'; daarboven solvabiliteitsrichtlijn voor ongedekte kredieten.
(3) Sinds 1977 voor kredieten tot 70% van de 'recente taxatiewaarde'; daarboven solvabiliteitsrichtlijn voor ongedekte kredieten.
(4) Vennootschappen waarvan de overheid meer dan 90% van de aandelen in handen heeft.
(5) En onder garantie van Nederlandse overheden.

174

Toelichting tabel 7

Deze tabel geeft aan hoeveel procent van de uitstaande kredieten als eigen vermogen bij de bank aanwezig moet zijn. Met ingang van 1977 hebben deze richtlijnen ook betrekking op de kredieten die de buitenlandse kantoren (vestigingen, geen zelfstandige rechtspersonen) hebben verstrekt en op kredieten die door deelnemingen (10% of groter) zijn verstrekt (evenredig aan het deelnemingspercentage).

Tabel 8
Ontwikkeling van enkele balansposten van Nederlandse handelsbanken
1964-1984 (x ƒ 1 miljard)

	1964	1969	1975	1977	1979	1981	1983	1984
binnenl. overheid (1)	4	8	12	16	21	30	42	48
binnenl. banken (2)	1	1	5	8	11	16	16	18
buitenl. banken (2)	2	10	37	48	63	92	92	102
buitenl. overheid (3)				3	6	13	19	18
private sector (4)	6	15	48	75	108	126	132	137
Balanstotaal (5)	17	40	118	170	238	315	349	379
BNP (6)	64	107	220	275	316	353	376	394
Eigen Vermogen (7)	1,5	2,4	5,7	6,4	8,3	8,8	10,1	11,0
EV/balanstotaal (7)	9,0	5,9	4,8	3,8	3,5	2,8	2,9	2,9
Eigen Vermogen (8)	1,3	2,0	4,8	5,3	7,3	9,2	10,5	11,5
EV/balanstotaal (8)	7,6	5,0	4,1	3,1	3,1	2,9	3,0	3,0

(1) Leningen aan en onder garantie van Nederlandse overheden.
(2) DNB publiceert sinds 1977 de vorderingen op buitenlandse en Nederlandse banken in één post. Wij hebben de vorderingen op buitenlandse banken op 85% van dit bedrag geschat, in overeenstemming met de cijfers tot 1977. Deze schatting stemde overeen met de mededeling in het jaarverslag DNB 1983, dat het volume van de solvabiliteitsplichtige posten in dat jaar met 65% steeg door solvabiliteitseisen te stellen aan kredieten aan buitenlandse overheden en banken (plus Nederlandse semi-overheden).
(3) Leningen aan en onder garantie van buitenlandse overheden zijn sinds 1977 gepubliceerd.
(4) Privé-personen en binnenlands bedrijfsleven.

175

(5) Balanstotaal is groter doordat de tabel niet alle posten bevat.
(6) Bruto Nationaal Produkt
(7) Inclusief VAR
(8) Exclusief VAR

Tabel 9
Binnenlandse kredietverlening aan bedrijven en privé-personen door algemene banken (x ƒ 1 miljard)

	1975	1977	1979	1981	1983	1984
grote kredieten						
vastgoedhandel	2	2	5	6	5	5
andere bedrijven (1)	5	27	37	44	38	39
alle bedrijven (1)	25	30	42	50	43	44
fin. instellingen (2)	2	4	6	9	10	12
totaal grote kredieten (3)	27	34	48	59	53	55
private sector (4)	48	75	108	126	132	137
(waarvan hypotheken	9	24	36	44	42	42)

(1) Exclusief banken en andere financiële instellingen.
(2) Exclusief banken.
(3) Groot betekent tot en met 1976 groter dan ƒ 500 000 en sinds 1977 groter dan ƒ 1 miljoen.
(4) Totaal binnenlandse privé-personen en bedrijven exclusief banken.

Tabel 10a
In faillissementen op bedrijven afgewentelde gebleven schuld in procenten van het bruto nationaal produkt (1) van de grote Europese handelslanden.

	1978	1979	1980	1981	1982	1983	1979-83
België (2)	–	0,13	0,15	0,17	–	–	(0,15)
Italië (3)	–	0,18	0,18	0,18	0,22	0,20	0,19
Engeland (4)	1,03	0,23	0,14	0,50	0,71	0,58	0,43
W.-Duitsl. (5)	–	0,34	0,27	0,40	0,62	0,57	0,44
Frankrijk (6)	–	–	–	–	?	?	?
Nederland	–	0,51	0,96	1,31	1,24	1,12	1,03

Toelichting tabel 10a

De cijfers over in faillisementen van bedrijven nagelaten schulden worden niet in alle landen van de EG even nauwkeurig bijgehouden. Het Franse bureau voor de statistiek bij voorbeeld bleek slechts te beschikken over gegevens over de onbetaald gebleven schulden van ondernemingen in de Parijse regio in de jaren 1980-1981-1982.

Het statistische materiaal afkomstig van Engeland en West-Duitsland bleek minder volledig dan dat van België, Italië en Nederland. We hebben geprobeerd het ontbrekende aan te vullen en door middel van schattingen de vergelijkbaarheid zo groot mogelijk te maken. Door de onvolledigheid van het onderliggende materiaal mag deze tabel echter niet worden gezien als een nauwkeurige beschrijving van de stand van zaken, maar als een indicatie van gevolgen die faillissementen in de belangrijkste Europese handelslanden hebben.

(1) BNP ontleend aan Europese Economie, Economisch jaarverslag 1984-1985 van de Commissie der Europese Gemeenschappen.

(2) De Belgische cijfers waren exclusief de regio Brussel, ter correctie zijn de cijfers van de rest van het land verhoogd met 25%.

(3) De cijfers van Italië waren exclusief eenmansbedrijven, ter correctie zijn ze in totaal verhoogd met 75%.

(4) Cijfers van Engeland betroffen uitsluitend 'bankruptcies': faillissementen van privépersonen. Volgens een niet-officiële opgave van het Engelse nationale bureau voor de statistiek zijn dit voor 90% eenmansbedrijven.De gehele onbetaald gebleven schuld binnen deze groep is aan deze bedrijven toegerekend. Het aantal gefailleerde rechtspersonen is wel gepubliceerd. Wij hebben, bij afwezigheid van gegevens, de achtergebleven onbetaalde schuld per vennootschap geschat op drie maal de onbetaald gebleven schuld bij eenmansbedrijven. Het resultaat hangt essentieel met deze laatste schatting samen. Deze schatting is gebaseerd op de omvang van het Engelse nationale produkt en de verhouding tussen aantallen rechtspersonen en eenmansbedrijven.

(5) De cijfers van West-Duitsland waren oorspronkelijk exclusief bedrijven waarvan een verzoek om faillissementsprocedure wegens gebrek aan baten door de rechtbank is afgewezen. (In Nederland worden dit soort faillissementen informeel aangeduid als 'opheffers'.) In verband met het feit dat deze faillissementen wel degelijk, zij het kleinere, onbetaalde schulden nalaten, hebben wij de cijfers van de wel geopende faillissementen met 30% verhoogd. Dit is in overeenstemming met de in Nederland geschatte verhoudingen.

177

(6) De cijfers van Frankrijk betroffen slechts de vennootschappen die hun eigen faillissement hadden aangevraagd en gevestigd waren in de regio Parijs. Omdat deze bedrijven volgens een niet-officiële opgave van het nationale bureau voor de statistiek qua omvang boven het landelijk gemiddelde liggen, zonder dat echter bekend was hoeveel, hebben we de Franse cijfers niet representatief genoeg gevonden voor opname in de tabel.

Tabel 10 b
Totale, in faillissementen op bedrijven afgewentelde schild per land ($\times f$ 1 miljoen)

	1979	1980	1981	1982	1983	Totaal
BE	283	350	407	-	-	(1040)(1)
IT	1175	1416	1588	1427	2009	7615
UK	1891	1465	6267	9059	7456	16669
BRD	5121	4383	6828	11049	10690	38071
FR	-	-	-	?	?	-
NL	1892	3237	4629	4541	4223	18522
Totaal						91917

(1) Totaaltelling België onvolledig.

Tabel 11a
Kapitaalstroom tussen overheid en bedrijven ($\times f$ 1 miljoen)

Alle vormen van door Rijk en ov. publ.recht.
organen verstrekte subsidies, WIR, research, niet terugbet. garanties, NIB, kredietverzekering en prijsverlagende subsidies:

1978	1979	1980	1981	1982	1983	1984
9650	12950	16510	17650	18890	19910	22280

waarvan WIR-premie

10	1320	4330	5410	5440	4610	4600

Totaal van bedrijven aan het Rijk en ov.publ.recht. organen in vorm van vennootsch. belast., terugbet. garanties en prijsverhogende subsidies

1978	1979	1980	1981	1982	1983	1984
5950	6270	7130	6380	6060	6230	5900

178

Kapitaalstroom van overheid naar bedrijven

1978	1979	1980	1981	1982	1983	1984
3700	6680	9380	11270	12830	13680	16380

Tabel 11b
Netto kapitaalstroom tussen overheid en bedrijven ($\times f$ 1 miljoen)

	1978	1979	1980	1981	1982	1983	1984
vennootsch.bel.	8300	8260	10170	11100	11340	10850	10310
aardgas(3)	2700	2300	3400	5200	6200	5500	5300
							—
saldo	5600	5960	6770	5900	5140	5350	5010
aan Rijk terugbetaalde garanties	220	120	200	320	450	600	600
terug aan gemeenten + andere publiekrecht. organis.	130	190	160	160	270	280	290
indirecte belastingen (1)	8445	9055	9255	9270	9620	10230	10895
prijsverhogende heffingen	1190	930	800	760	800	760	750
							+
totaal bedrijven aan Rijk	15585	16255	17185	16410	16280	17220	17545
subsidies Rijk aan bedrijven (2)	9140	12250	15810	16610	17930	18710	20830
Overig publiekrecht. organen aan bedrijven	510	700	700	940	960	1200	1450
							+
totaal subsidies	9620	12950	16510	17550	18890	19910	22280

netto van bedrijven aan 5965 3305 675 -1140 -2610 -2690 -4735
Rijk

(1) De indirecte belastingen zijn als volgt toegerekend naar bedrijven:
Van alle jaren het totale, door het Rijk geïnde bedrag aan indirecte
belastingen, verminderd met:
a. het hele bedrag der omzetbelasting
b. 50% van de accijns op benzine
c. het hele bedrag der accijnzen op alcoholhoudende, alcoholvrije
dranken en tabak.
d. 50% van de bijzondere verbruiksbelasting personenauto's.
(2) Subsidies Rijk aan bedrijven:
Alle subsidies van het Rijk aan bedrijven, inclusief WIR, research-
premies en onder garantie via de Nationale Investeringsbank verstrekte leningen die niet werden terugbetaald. Vermeerderd met
door overheid aan bedrijven verstrekte prijsverlagende subsidies.
(3) Door NAM betaalde vennootschapsbelasting.

Tabel 12
Overzicht solvabiliteit van de Tilburgsche Hypotheekbank van 31
maart 1980 tot 30 juni 1982 volgens opgave aan De Nederlandsche
Bank (bron: Keijser & Co.) (x ƒ 1.000)

	ingediend	Eigen Vermogen	Surplus
31-03-1980	8-05-1980	40 440	788
30-06-1980	29-07-1980	41 505	822
30- 9-1980	27-10-1980	45 223	10 365
31-12-1980	23-02-1981	45 205	9 207
31-03-1981	14-05-1981	44 795	- 7 511
30-06-1981	1-09-1981	26 795	- 27 560
30-09-1981	30-11-1981	28 795	- 27 383
30-12-1981	12-03-1981	33 615	- 21 383
31-03-1982	24-05-1982	28 437	- 25 087
30-06-1982	11-08-1982	28 437	- 13 624

Toelichting tabel 12
Uit deze tabel blijkt dat in het eerste kwartaal van 1981 het eigen
vermogen gelijk bleef maar het surplus daalde. Hieruit blijkt dat de

180

vereiste solvabiliteit in dat kwartaal omhoog was gegaan. Dat kwam door de zogenaamde grote-postenregeling. Die schreef voor dat extra solvabiliteit aanwezig moet zijn voor grote leningen aan groepen debiteuren die in feite economisch als één debiteur gezien moeten worden. De Nederlandsche Bank wist blijkens de tabel reeds sinds 14 mei 1981 dat de solvabiliteit van de Tilburgsche onvoldoende was.

Er waren in het eerste kwartaal van 1981 overigens waarschijnlijk niet zo veel extra grote posten bijgekomen. Waarschijnlijker is dat men tot dat moment de extra solvabiliteitsbehoefte die met de grote posten samenhing genegeerd had en in het eerste kwartaal van 1981 pas voor het eerst toonde.

Tabel 13
Procentuele veranderingen in de werkgelegenheid

	BE	IT	UK	BRD	NL
1971-80	0,3	0,5	0,2	-0,1	0,2
1981	-2,1	0,5	-4,2	-0,0	-1,4
1982	-1,3	-0,3	-1,6	-1,9	-2,5
1983	-1,6	0,2	-0,4	-1,7	-2,1
1984	0,2	0,5	1,1	0,4	-0,2
Totaal	-4,5	1,4	-4,9	-4,1	-6,0

Bron: *Europese Economie*, Commissie der Europese Gemeenschappen, directoraat-generaal economische en financiële zaken

---

Tabel 14
Arbeidskosten per eenheid produkt (1972=100)

	BE	IT	UK	BRD	NL
1977	108,7	90,8	84,7	106,3	110,6
1978	106,1	89,2	91,5	110,8	109,0
1979	102,9	89,5	107,2	111,6	107,8
1980	100,2	89,4	131,6	108,9	101,9
1981	90,3	86,7	133,7	99,8	90,4
1982	76,7	87,3	123,2	99,8	92,5
1983	75,6	96,0	113,6	98,8	91,3
1984	74,7	95,4	112,7	95,2	83,7

Bron: *Europese Economie*, jaarverslag 1984-1985
Commissie der Europese Gemeenschappen, directoraat-generaal
economische en financiële zaken

Toelichting tabel 14
Cijfers zijn in ecu en hebben betrekking op de be- en verwerkende
industrie.

Tabel 15
Netto financieringstekort of -overschot van de overheid, in procenten van
het bruto nationaal produkt

	BE	IT	UK	BRD	NL
1971-80	-0,5	-8,3	-3,1	-2,1	-1,5
1981	-12,8	-11,9	-3,1	-3,9	-5,3
1982	-11,1	-12,7	-2,3	-3,4	-7,0
1983	-12,2	-11,8	-3,4	-2,7	-6,1
1984	-11,5	-13,6	-3,0	-1,7	-5,6

Bron: *Europese Economie*, jaarverslag 1984-1985, Commissie der Europese Gemeenschappen, directoraat-generaal economische en financiële
zaken

Tabel 16
Groei bruto nationaal produkt in procenten

	BE	IT	UK	BRD	NL
1979	2,5	4,9	2,0	4,1	2,4
1980	3,2	3,9	-2,6	2,0	0,9
1981	-1,1	0,1	1,3	0,0	-0,8
1982	1,1	-0,3	2,3	-0,1	-1,6
1983	0,4	-1,2	3,3	1,0	0,6
1984	1,5	2,9	2,4		2,0
Totaal	7,6	10,3	8,3	6,5	3,5

Bron: *Europese Economie*, jaarverslag 1984-1985, Commissie der Europese Gemeenschappen, directoraat-generaal economische en financiële
zaken